Memorie Della Guerra D'Italia Sotto Il Maresciallo Radetzky

Giorgio De Pimodan

MEMORIE
DELLA GUERRA D'ITALIA
SOTTO IL MARESCIALLO RADETZKY

SCRITTE

DA GIORGIO DE PIMODAN

SUO AJUTANTE.

(Versione italiana compita.)

MODENA

COI TIPI DELLA R. D. CAMERA

1851.

I.

Nell' anno 1847 in fondo a un povero villaggio della Stiria, dove risiedeva parte del mio reggimento, venne a raggiungermi l' ordine di muovere per l' Italia. V' ha degli avvenimenti che somigliano a presagi; e di tal numero è forse quello che precedette di alcuni giorni la nostra marcia verso la Lombardia. Sembrava come un preludio delle lotte più nobili e più sanguinose, che ci attendevano sulle rive dell' Adige: in piena pace già ci si rivelava la vita della guerra, quella vita di avventure e di combattimenti, di cui mi parea cent' anni il conoscere i gloriosi pericoli, e le cui minute circostanze e le particolarità, troppo neglette dalla storia, daranno forse qualche interesse a queste memorie.

A' 4 agosto io avea passato la serata ad una festa di ballo alle acque di Gleichenberg: io ritornava dopo mezzanotte al villaggio, dov' era accantonato il mio squadrone, allorché udii batter allarme sulla tavoletta coi mazzapicchi di legno (1). Erano le tre ore del mattino; io spinsi il mio cavallo al galoppo, arrivai sulla piazza del villaggio e chiesi a quello de' miei soldati che avea battuto l' allarme che fosse accaduto.

---

(1) Nei villaggi dov' è accantonata la cavalleria, ciascun soldato innanzi la casa del contadino presso cui alloggia tiene una tavoletta di legno, sospesa orizzontalmente a due corde, sulla quale batte con due magli di legno, per dare diversi segnali.

Tenente mio, mi disse il soldato, io radunò lo squadrone; le reclute si battono al ballo a Weitersfeld coi contadini; il brigadiere Czepp è ito a separarli, ma è stato ferito; egli forse è già ucciso; io vado a soccorrerlo e vendicarlo.

Io sapeva a quali terribili violenze i soldati boemi, d'indole così placida, si lasciano trasportare, allorchè credono offeso il loro onore. Io ripartii di buon passo, sopra un cavallo fresco e dopo alcuni minuti fui a Weitersfeld.

L'albergo, dove si era danzato, era solitario; una candela bruciava in un angolo della sala, la porta era sfondata, le finestre rotte; sulle mura imbiancate colla calce si vedevano le impronte sanguinose delle mani, che nella lotta vi si erano appoggiate, sul pavimento larghe macchie di sangue e piedi di sedie e banchi rotti, arma pericolosa, di cui i contadini servonsi come di una clava in quella specie di battaglie, e i cui angoli taglienti fanno larghe ferite. Il brigadiere Czepp entrò in quel momento; il suo volto era coperto di sangue, egli teneva in mano la sua sciabola sguainata, e, raddrizzandosi fieramente come si addice a un soldato, mi disse con una voce, che egli sforzavasi render tranquilla, mentre la collera e l'agitazione del combattimento sollevavano il suo petto, che una contesa era accaduta nel ballo tra un soldato e un contadino che si disputavano una danzatrice; la pugna era allora divenuta generale, e quattro cavalleggieri aveano sostenuto il combattimento contro più di cinquanta contadini. Czepp si era gettato nella sala colla sciabola alla mano per separarli; ma egli era stato preso e quasi soffocato fra il muro e una tavola massiccia spinta contro di lui: allora, siccome egli era presso una finestra, uno dei soldati gli avea porto di fuori una pistola carica; tre altri cavalleggieri erano sopraggiunti quasi

nel tempo stesso, e aveano sfondato la porta, sostenuto i loro compagni, percossi, feriti, messi in fuga
i contadini.

Io presi una lanterna per visitare alcune case
del villaggio, nelle quali alloggiavano soldati del
mio squadrone; poscia mi recai nella piazza. Altri
soldati giunti dal villaggio che io abitava, Lichen-
dorf, vi stavano schierati e armati di sciabole e ca-
rabine. Io li calmai e rimandai. Molti de' miei uomini erano gravemente feriti: un di essi, che poi
morì a Verona, avea l'osso del cranio rotto. « Tenente mio » ei mi disse « noi siamo restati vincitori. »
E mentre io usciva, l'udii dire a coloro che mi
seguivano: « È lo stesso; io mi son ben vendicato. »

Io era inquietissimo: il domani al far del giorno
andava a Mureck a trovarvi il comandante del mio
squadrone. Temeva di vederlo sdegnarsi e farmi
violenti rimproveri; ma egli sapeva che io aveva
ordinato al brigadiere di non fare allontanare, nella
mia assenza, i miei soldati. « Io non posso nulla
in questo, nè voi potete più di me » mi diss' egli
con voce tranquilla. « Ebbene! lasciam fare. »

Il villaggio, in cui era accaduta la pugna, era
in una signoria della duchessa di Berry. Io mi recai dal podestà e il pregai caldamente di adope-
rarsi per impedire che i richiami dei contadini an-
dassero fino al capo-luogo: io temeva pei miei
soldati disposizioni poco favorevoli da alcuni im-
piegati nel governo della provincia: io temeva forte
soprattutto il rumore di tale storia, perchè in tempo
di pace accade dei reggimenti quel che dei giovani
alla corte « meno se ne parla, più valgono. » Il
podestà fu cortese e ossequioso; ma seppi in seguito che egli, lungi dal calmare gli affittaiuoli,
aveali eccitati a fare i loro reclami.

Fortunatamente una buona notizia mi liberò ben
tosto da tali inquietudini. La mattina del 6 il mio

maresciallo degli alloggiamenti mi annunziava, che
il reggimento avea ricevuto l'ordine di mettersi fra
due giorni in marcia per l' Italia. Io lasciava una
parte di mia famiglia, tutto ciò che aveva amato,
un paese che abitava da sette anni ; ma non potei
frenare i trasporti della mia gioja, L' Italia, Venezia, Milano, Firenze e forse la guerra, i combattimenti, la gloria! io era tutto in quelle parole, e
poco caleami in siffatto momento delle querele del
balì di Weitersfeld. Molto spesso nelle lunghe se-
rate d' inverno avea da' vecchi capitani udito rac-
contare, che il reggimento era stato due volte in
Italia. Essi erano stati di guarnigione a Napoli, a
Capua, a Palermo : i loro racconti eran pieni d'interesse, e quante volte essi parlavano di quell' epoca
gloriosa, i loro volti ordinariamente placidi e severi,
si animavano del fuoco della gioventù.

La mattina del 9 il mio squadrone era schie-
rato sulla piazza del villaggio ; il pensiero della
partenza rattristava i giovani soldati, e alcune lacrime scorrevano sul loro volto già abbronzato. I
Boemi, sì violenti, sì feroci nella pugna, hanno
l' anima tenera e malinconica, siccome tutti i po-
poli slavi. Subito arrivò il comandante del mio
squadrone. Mi appressava a lui, e, salutandolo
colla mia sciabola, io comandava la marcia. Era
fatto : rimembranze tristi e rimembranze felici, valli
e montagne percorse tante volte galoppando nelle
belle notti di state, castelli ospitali... ! era forza
lasciar tutto dietro di me : era forza dimenticar
quel bel paese di Stiria, dov' io passate avea tante
ore felici : ma l' Italia mi attendeva, ed io non dovea fermarmi che a Verona.

A Gonowitz passava la sera con alcuni ufficiali
nel castello del principe Veriano Windischgraetz;
la notte, ritornammo al villaggio, trovammo per
tutto alloggio una gran camera da contadino, dove

ciascuno di noi dormì sulla paglia. La caldaiuola era eccessivamente riscaldata, secondo l' uso dei contadini austriaci, per cuocere i legumi destinati al bestiame. Il sudore ci scorreva dalla fronte; i grilli ci saltavano sul volto e sulle mani. Non poteva passarsi più bruscamente dall' estrema eleganza all' estrema miseria.

Il domani marciammo sino a Cilly con un caldo soffocante, fra densi turbini di polvere sollevati dai nostri cavalli. Pria di entrare nella città il colonnello ci riunì intorno a sè in una grande prateria; egli lasciava il reggimento, in cui avea servito trent' anni: era un uomo di nobil carattere, eppure poco amato; ma allorchè il vedemmo, dopo averci detto alcune parole di commiato, abbassare il suo caschetto e volgere il capo per nasconderci le sue lacrime, tutti si commossero; vollero stringere quella mano leale ch' egli ci stendeva, e quando il suo cavallo il trasportò lungi da noi, gl' indirizzammo gridando un tristo ed ultimo addio.

Il 20 agosto noi eravamo a Adelsberg. Presso quella città è una grotta famosa, che andammo a visitare. Appena entrato nella grotta, si valica, sovra un ponte formato dalla natura, un fiume sotterraneo le cui acque si sono scavate un letto nella rocca e ricompariscono a tre leghe di là, sotto la discesa di Planina. Il mormorio di quel fiume sotterraneo è ripetuto lontano dall'eco delle immense volte. Per due ore si cammina sotto massi enormi di stalattiti, che ora colle acute lor punte minacciano il vostro capo, ora sono sospesi a grande altezza e sembrano in sul punto di staccarsi dalle volte. Si giunge così ad una seconda grotta, che porta il nome dell' Arciduca Giovanni, la quale non può visitarsi senza uno speciale permesso. Quivi ammirabili stalattiti di una splendida bianchezza pendono dalle volte o s' inalzano dalla terra : le une son presso a toccarsi colle altre, e la svelta colonna è già quasi tutta formata; le altre lasciano alla imaginazione l'agio di calcolare quanti anni ancora lor bisogneranno, per vincere a goccia a goccia lo spazio che le separa. Nulla è più elegante di quelle bianche e fragili colonne, opera di tanti secoli, cui la minima scossa basterebbe a distruggere.

A Vippach, al di là di una catena di alte montagne, comincia l'Italia. I giardini del conte Lantieri erano pieni di melagrani, di allori fioriti, di grandi cespugli di verbene. Al 22 agosto giugnemmo a Gorizia: io salii al convento dei Francescani; dalla terrazza della chiesa godesi una vista ammirabile delle pianure d'Italia, in mezzo alle quali l'Isonzo volge le sue belle acque azzurre. Mi si mostrarono le tombe di Carlo X e del duca di Angoulème: sono due semplicissime lapidi poste innanzi l'altare di una delle cappelle laterali; vi sono scolpite brevi iscrizioni francesi. Sovra quella del duca di Angoulème vi son le parole latine: *Tribulationem inveni, et nomen Domini invocavi.* Io era lì con alcuni ufficiali del mio reggimento: essi indignaronsi al veder così sparire sulla terra straniera lo splendore e la maestà del trono. Il duca di Blacas è sepolto ai piedi di Re Carlo X, senza iscrizione, senza lapide sepolcrale: nobile umiltà degna di un cuor fedele sino alla morte.

Giugnemmo a Versa con un caldo eccessivo; il castello, dove io fui alloggiato, avea quell'aria di grandezza che trovasi per tutto negli edifizj italiani. All'estremità di un peristilio sostenuto da colonne, una doppia scala di una incantevole eleganza e tutta incrostata di marmi conduceva in una bella sala dell'altezza di due piani. Ai quattro angoli, grandi porte mettevano negli appartamenti; le mura erano coperte di vecchie opere in legno e di grandi tappezzerie di Fiandra; nel mezzo della

mia camera sopra un palco v' era, uno di quei
letti sì ampi, che non si sa se debba coricarvisi in
lungo o in largo. Il castellano mi aprì la biblioteca;
vidi sopra una tavola l'albero genealogico della
famiglia, alla quale apparteneva il castello; e grossi
quaderni in pergamena con suggelli in piombo
coll' impronta di teste di dogi del XII e del XIII
secolo; un armadio conteneva l'*Enciclopedia*, un
altro più di dugento romanzi, tutti romanzi amo-
rosi, di quella letteratura leggera dei regni di Luigi
XV e di Luigi XVI. Aprii alcuni volumi, e osservai
pensieri e riflessioni delicati e spiritosi scritti in
francese sul margine o sopra fogli volanti. Chiesi
a chi erano appartenuti quei libri: il castellano mi
condusse innanzi un gran ritratto, rappresentante
una giovane attraente coi capelli incipriati, colle
sopracciglia graziosamente curve, cogli occhi vivi e
brillanti; era il ritratto di una contessa T....., alla
quale quel castello era appartenuto. Io poscia seppi,
che quella bella donna accese una lunga e tenera
passione nell' Imperatore Giuseppe II. Passai la
notte nella biblioteca a sfogliare quei libri annotati
da una mano graziosa, e la mattina, pria di partire, mi recai a dar l'ultimo addio all' amabile
contessa del ritratto. Due anni dopo il mio passaggio da Versa, trovandomi a Vienna in un salone,
vidi entrare una giovane i cui lineamenti mi colpi-
rono, come se già l'avessi veduta in qualche luogo:
domandai il suo nome; era la pronipote della contessa T.......

Il 27 agosto fummo a Udine: la piazza Conta-
rini è un incanto, massime la sera, quando il sole
al suo tramonto indora le svelte colonne che so-
stengono il palazzo del governo. Mi condussi a veder la cappella Torriani: vi sono quattro ammirabili basso-rilievi, opera del Torretti, il maestro di
Canova. Ci recammo al teatro. Il cartello annun-

ziava una rappresentazione a beneficio della *prima donna assoluta*. Lì per la prima volta fui testimonio della facilità, onde gl'Italiani son prodighi del loro entusiasmo. La prima donna fu coperta di corone: se le presentarono mazzi di fiori alti due piedi; versi, sonetti furon gettati nella sala a migliaia.

A' 29 agosto mossi per Conegliano col mio squadrone. I miei soldati marciando cantavano le arie malinconiche del lor paese. Spesso io mi era dilettato di ascoltare quelle melodie schiette, quelle querele, che il pastore indirizza alla sua amica lontana, quando dall'alto delle Alpi egli vede gli ultimi raggi del sole illuminare le cime nevose, e le ombre della sera occupar la valle. Ma sotto quel cielo ardente appena rinfrescato dai leggieri venticelli del mare, i begli occhi neri delle Italiane, che io scorgeva ai loro balconi, mi rendevano infedele a quelle dolci memorie. A Conegliano io passeggiai per la città tutto il dopo pranzo, guardando i grandi e bei palagj abbandonati. Entrai in una di quelle splendide abitazioni, che apparteneva alla famiglia dei Montalbano: l'architettura era grave, le sale immense; ma le porte e le finestre eran rotte, e i ritratti degli antenati di quella famiglia, i quali, come dicevan le iscrizioni, erano stati podestà, generali veneziani, ambasciadori alla corte di Francia, erano strappati dalle pareti dal vento, che scherzava coi loro brani. Sovra un'altura al di sopra della città s'innalza un elegante padiglione costrutto in mezzo a grandi cipressi. Dal balcone si vedeano i campanili di Venezia; le mura eran coperte di belle pitture a fresco di un artista d'ingegno; e sopra una tavola vidi una testa di donna in marmo la più incantevole. Il giorno appresso, dopo avere stabiliti a Castelfranco gli alloggiamenti per la divisione, mi recai a vedere una raccolta di quadri e di oggetti curiosi appartenenti a un ricco dottore della città. Egli era uscito, mi ricevette sua figlia; era una bella Italiana, il cui colorito avea quel bruno e caldo pallore, che fa sì ben risaltare la bellezza meridionale. Erano in quelle stanze quadri di gran valore, fra gli altri un' *Aurora* di Correggio e l' originale del celebre quadro del *S. Giovanni* di Guido; ma ciò che principalmente mi piacque fu una spada di soldato romano trovata ad Ercolano, nella cui lama era questa iscrizione: *Senatus-consulto Roma vincit* (Roma dee vincere, il Senato l' ordina); ammirabile ed energica parola incisa sulle spade dei soldati! Qual confidenza aveano quei Romani nel loro invincibile coraggio! Nella chiesa di Castelfranco v' ha molti quadri del Palma ed uno del Giorgione rappresentante *S. Antonio e S. Giorgio ai piedi della Vergine.* La Vergine è il ritratto della donna del pittore veneziano. Io non potei per mia disgrazia ammirar tutte quelle belle cose che in tutta fretta: voleva andare a Venezia, e mi restavano poche ore. Il tempo era spaventevole, la pioggia cadeva giù a torrenti; ma anche quando il tempo è bello, l' arrivo a Venezia per la strada di ferro non corrisponde all'idea, che uno se n' è formata. Salii sul campanile della piazza S. Marco, per vedere la città dei dogi nel mezzo delle lagune. Confesso che il palazzo ducale alla prima vista ingannò la mia aspettazione. Le decorazioni del teatro me l' avevano già prima guastato, e la mia imaginazione gli attribuiva proporzioni più maestose. Intanto l' ho riveduto dopo molte fiate, e ciascuna volta mi è sembrato più bello, specialmente la sera, quando la sua grave mole rischiarata dai raggi della luna getta la sua grand' ombra sulla *Piazzetta.* Le cupole di S. Marco mi sembrarono anche alla prima vista un po' schiacciate. Bisogna riveder più volte quegli ammirabili monumenti, per comprenderne tutta la bellezza. A Padova, come già a Venezia, mi vedea costretto di visitar correndo le chiese e i musei. Ammirava nella chiesa di S. Antonio il bel candelabro di bronzo di un sol getto e i basso-rilievi di Donatello. Ma con qual pro fermarmi su quelle prime emozioni, che destavano in me le belle città d'Italia? Io non dovea percorrere quella terra classica da viaggiatore, ma da soldato; e per noi già si appressava il momento, in cui la vita di guarnigione dovea succedere alla vita di viaggio.

II.

Il 5 settembre arrivammo in Verona; la nostra marcia era finita. Io presi la bandiera, e intantochè la divisione stava schierata sulla piazza, andava al suon delle trombe a metterla nelle mani dell'ufficiale comandante la gran guardia. Quella bandiera era un prezioso ricordo dato al reggimento da Maria Teresa. A quell'epoca e sino alla fine del regno di Giuseppe II il reggimento si reclutava in Fiandra, i soldati parlavan il francese e chiamavansi i *Valloni.* Essi avean deciso la vittoria della battaglia di Kolin che da prima sembrava perduta. L'armata imperiale cominciava a piegare; il conte de Thiennes, colonnello del reggimento, riceva l'ordine della ritirata; egli corre da Daun: « Maresciallo, gli dice, io vado all'attacco; e se vi perisco col mio reggimento, almeno avrò salvato l'onore. — Che volete voi fare con quei *bianchi-becchi* di Fiamminghi? gli disse Daun, che sapeva che il reggimento era allora quasi tutto composto di giovani reclute. — Voi il vedrete, » gridò de Thiennes. Egli alla testa di tutto il reggimento, seguito dai suoi ufficiali, si getta nel bel mezzo della fanteria prussiana. Trenta squadroni di ussari prussiani, sostenuti da altri quindici di dragoni in seconda linea, son rovesciati dalla cavalleria

imperiale, e la vittoria resta all'Austria; ma de
Thiennes era ucciso, e il terzo del reggimento vi
perì. Molti ufficiali erano lorenesi; la storia del reggimento ha conservato i loro nomi: v'ha tra essi
i nomi di Ficquelmont e d'Aspremont. Il gran Fe-
derico, vedendo la battaglia perduta, ritornò sino
a Nymburg di gran galoppo, dicendo all'ufficiale
che l'accompagnava e il cui cavallo cadde morto
di stanchezza: « Ah! i miei ussari, i miei bravi
ussari son certamente perduti! » Maria Teresa colmò
Daun di onori (era la prima vittoria guadagnata
contra i Prussiani); essa andogli incontro fuori le
mura di Vienna, e ordinò che i soldati di quel
bravo reggimento non porterebbon giammai nè bar-
ba, nè mustacchi, per ricordare la lor gioventù e il
loro eroismo; poi ella ricamò di propria mano sulla
bandiera una rosa cinta di spine col motto: *Chi el
si strigne, si punge*. Quel reggimento fu poi chia-
mato *dragoni di Latour* (1); molti di quelli che
hanno fatto le grandi guerre dell'impero, l'han
conosciuto, hanno ammirato il suo valore; e molti
generali francesi ne parlano nelle loro memorie. —
All'erta! ecco Latour! dicevano i soldati francesi,
allorchè molti assalti non avendo potuto rompere i
loro quadrati, si lanciavan sovr'essi quegli intrepidi
cavalieri. La sola aquila imperiale, che fu presa
nella prima campagna di Germania, venne tolta in
una carica di quei dragoni di *Latour* contra il de-
cimoquinto reggimento di dragoni francesi nella
battaglia di Eylau.

In Verona il primo monumento che merita
l'attenzione del viaggiatore, è l'anfiteatro; quantunque ne sia distrutta una parte e tutta la cinta

(1) Esso porta ora il nome di cavalleggieri del principe Windischgraetz, ed è quello in cui avea l'onore
di servire da tenente al principio della campagna.

esterna, eccetto cinque archi, esso supera in grandezza tutto quello ch' io poteva imaginare. L' anfiteatro di Verona può contenere più di cinquantamila persone : io mi vi son trovato con quindicimila spettatori ad una rappresentazione di giorno, ed essi vi erano quasi perduti; i vomitorj sono sì numerosi, i corridori sì larghi, che essendomi alzato alla fine della rappresentazione, giunsi sulla piazza innanzi l' anfiteatro senz' essere stato fermato un minuto dalla folla, senza aver solo rallentato il passo. Un canale comunicante coll' Adige al di sopra della città vi conduceva otto piedi d' acqua per le naumachie; a diritta e a sinistra delle due entrate principali v' ha quattro grandi stanze, dove eran chiuse le bestie feroci: come si sollevavano le inferriate, esse saltavano furibonde nell' arena. Internamente e tutto intorno il corridore inferiore veggonsi ancora ventiquattro prigioni, dove custodivansi i gladiatori; esse prendon lume da un foro di un piede quadrato, che dà a un' altezza di quindici piedi dal suolo in quel corridore molto oscuro: e da quegli spaventevoli buchi gli sventurati prigionieri, aspettando di essere alla lor volta straziati dalle bestie, potevano ascoltare le grida dei loro compagni.

Andai a visitare il palazzo Canossa: le sale tappezzate di damasco e di velluto sono magnifiche: sotto l' architrave lessi l' iscrizione: *Et filii filiorum et semen illorum habitabunt in saecula!* ... Qual pegno di grandezza in quella speranza nell' immortalità della sua stirpe! Dall' alto del castello si ha una bellissima vista della città e della campagna, dei monti, della pianura, dei campanili di Verona inondati da flutti di luce. La notte, ritornando in città, passai innanzi la chiesa di S. Anastasia, e vidi a traverso delle larghe cortine della porta maggiore il coro e l' altare tutto risplendente di lume: v' entrai e fui colpito dalla maestà del luogo; migliaia di cerei bruciavano su grandi candelabri; le colonne e tutta la chiesa erano tappezzate di damasco rosso orlato di drappo d'oro, e il canto grave e maestoso dei sacerdoti si sposava al potente suono degli organi.

L'autunno si passò tranquillamente: intanto vi era così in aria una non so quale incerta inquietudine. Al minimo rumore i borghesi faceansi alla soglia di loro porte, e le donne aprivano a mezzo le imposte di lor finestre per guardare nella via. Nel mese di febbrajo 1848 cominciò a manifestarsi in tutta Italia una sorda agitazione: nelle grandi città si fecero riunioni segrete, e alcuni indizj annunziavano che preparavasi una rivoluzione. Noi sapemmo che in Milano alcune persone, le quali riducono sempre i sentimenti a questioni di danaro e di guadagno o di perdita, aveano formato un'associazione, la quale avea per iscopo l'impedire di fumare, affine di rovinare l'Austria, com'essi dicevano, facendo perdere al Governo le importanti somme che gli dava la vendita del tabacco. Sulla fine di febbrajo molti ufficiali furono insultati nelle vie di Milano, ed essendo stato ferito il primo tenente conte Thun di un colpo di pistola tiratogli dietro, mentre la sera rientrava in sua casa, i soldati ricevettero l'ordine lungo tempo aspettato, sempre differito sino all'ultimo estremo, di servirsi di loro armi per difendersi.

Verona era ancora tranquilla: temevasi intanto qualche sommossa, e per molti giorni le truppe furono consegnate e i cavalli sellati. I nostri capi sembravano inquieti: ma per noi pronti sempre a saltare in sella, quella vita agitata faceva un piacevole contrasto colla monotonia degli esercizj e delle perpetue parate; ci animavano inoltre non so quali vaghe speranze di guerra: noi eravamo

lieti e spensierati, impazienti di combattere. — « Che
avete dunque, Thalmann? voi mi parete di bellissimo umore, stassera, » diceva io ad uno dei miei
sotto-ufficiali, che rideva e scherzava, mentre face-
vamo una pattuglia di notte sotto una pioggia di-
rotta. — « Ah! tenente mio, ei mi rispose, gli è
perchè avremo la guerra, e mi pizzican le mani di
girare a tondo la sciabola sul capo a questa gente,
che si fa beffe di noi e che non osiamo toccare. »

Quasi in ogni settimana passavan per Verona
alcuni battaglioni croati, che spingevansi oltre verso
il Po e il Ticino : erano uomini eccellenti, alti e
forti, e il cui aspetto duro e selvaggio faceva contrasto colla fisonomia alquanto effeminata degl' Italiani. Quei poveri Croati erano sempre lo zimbello
dell' astuzia dei mercatanti veronesi. Passando per
la piazza vidi due sotto-ufficiali degli *Ottochaner* (1),
che compravano del riso per le loro compagnie :
n' era loro chiesto un prezzo esorbitante; e siccome
ignoravan la lingua, trassi avanti io, feci il patto
ed ebbi il riso a metà del prezzo. Allora essi mi
pregarono con quella bontà ingenua e cordiale naturale ai Croati di ber con loro. Si portò il vino;
ma quando aprii il mio cappotto, per istendere il
braccio e pigliare un bicchiere, si accorsero dal mio
uniforme che io era ufficiale. La loro confusione,
la lor cera umilmente rispettosa mi fecero sorri-
dere : io diedi loro la mano e ci lasciammo da
buoni amici.

Allorchè fu pubblicata a Verona la *costituzione*
accordata dall' Imperatore e il decreto che permetteva l' organizzazione della guardia nazionale, i cit-
tadini si abbandonarono ad una folle allegrezza:

----

(1) Soldati del 2° reggimento di fanteria delle frontiere militari, che si recluta nel distretto della Croazia
che ha per capo-luogo Ottochan.

essi passeggiavan per le vie, e pel *Corso* gridando
e sventolando grandi bandiere col ritratto di *Pio IX*;
quando incontravano un ufficiale, si precipitavano
su lui, per baciargli le mani e abbracciarlo. « Siam
tutti fratelli, e viva l'Italia! » dicevan essi. Vollero
portarci in trionfo: quelle ovazioni, quella gioja,
quelle carezze erano una commedia. Volevano in-
gannarci, addormentarci; non ve n'era pur uno di
buona fede: mi parve specialmente che essi si sfor-
zassero di sollevar l'animo proprio, d'incoraggiarsi
divagandosi a forza di grida.

Al principio di marzo la rivoluzione scoppiò si-
multaneamente in tutte le città d'Italia. Essa era
stata da lungo tempo preveduta e annunziata a
Vienna dal maresciallo Radetzky; gli ordini erano
dati per tutto. Al primo segno le truppe sparse nelle
città della Lombardia doveansi riunire a Milano, e
quelle della Venezia a Verona; e quantunque il
maresciallo non avesse avuto a sperare alcun soccorso, alcun aiuto dal resto dell'impero, tanto lo
stato del governo austriaco era debole e vacillante
in quell'epoca, la rivolta sarebbe stata facilmente
compressa dalle energiche disposizioni ch'egli avea
dato, se l'aggressione del Re di Sardegna non fosse
venuta ad accrescere la confidenza dei ribelli e a
porre il maresciallo Radetzky, colle poche truppe
riunite in Milano, a fronte di una numerosa armata
nemica in mezzo ad un paese sollevato.

Ciò non ostante Verona non si movea: ma tutte
le comunicazioni colla Lombardia erano interrotte.
In ciascuna città e in ciascun villaggio si erano
eretti *comitati* rivoluzionarj: gli abitanti aveano bar-
ricato le vie, e nelle campagne i contadini aveano
fatto dei ponti sopra i numerosi canali, scavato profondi fossi nelle strade e tagliato alberi di grosso
fusto. Erano rubati alcuni carichi di munizioni e di
artiglieria impediti nel cammino da quegli ostacoli.

Gli ufficiali spediti come corrieri non ritornavano: dicesi essere stati veduti impiccati colle loro sciarpe agli alberi della strada. Eravamo senza notizie: giravano da ogni parte le voci più assurde: tutti gli sguardi spiravano odio: la lotta era in sull' impegnarsi. Noi eravamo in punto; le sciabole erano affilate, le armi cariche; i nostri soldati ci amavano, essi erano di gran cuore, pronti a seguirci per vincere o morire.

La notte del 19 marzo, mentre io dormiva sopra di un banco nella scuderia, un soldato mi recò l' ordine di recarmi tosto dal generale Gherardi. Il trovai che passeggiava con aria pensierosa in una gran sala illuminata da una sola bugia. « Ecco, mi disse, alcuni dispacci pel generale conte Gyulai a Trieste: una vettura vi aspetta giù, partite al momento. — Generale, gli dissi io, se m' interrogano sul nostro stato, se chiedonmi nuove di Milano, che dovrò rispondere? — Che non sappiam nulla, che le comunicazioni con Milano e coll' armata del maresciallo son rotte; dicesi vagamente ch' egli s' è rinchiuso nella cittadella, per tirare sulla città palle e granate; che vi son già quattromila persone uccise e ferite, e che farà bruciare la città, se la rivolta non cessa. »

Io partii. Il domani a mezzogiorno come entrai a Sacile, vidi sulla piazza una folla di popolo. Sette o otto giovani con un berretto di feltro piumato e armati come briganti da teatro fermarono la mia vettura: io misi mano alla sciabola, ma ai gesti che mi fecero coi loro fucili, compresi che la resistenza era inutile. Mi pregarono di smontare e seguirli: mi condussero alla casa del civico magistrato, aprirono l' uscio di una gran sala: e mi vi fecero entrare. Otto o dieci persone in abito nero stavan sedute intorno ad una tavola; mi avanzai e dissi con voce resa minaccevole dallo sdegno: « Chi dunque osa arrestare un corriere imperiale ? » Nessuno ardì rispondere. Coloro sembravan confusi; un d'essi pertanto si alzò e mi disse che vòleansi nuove di Milano. Diedi quelle che sapeva, ed aggiunsi che il maresciallo Radetzky avrebbe distrutto la città, se la rivoluzione continuava. Essi parvero sgomentati udendo quel gran nome e quella minaccia ; ma, riprendendo coraggio : « Noi vogliamo la *Repubblica*, disse un di loro, l'*eguaglianza per tutti*. » Io non era tranquillo sul modo in cui tutto ciò sarebbe finito. La scala era ingombra di gente coperta di stracci : alcuni erano anche entrati nella sala. « Come ! diss'io, l'eguaglianza per tutti, è indossate voi begli abiti, mentre questa povera gente è quasi nuda ! » E volgendomi verso loro, vidi un riso approvatore accogliere la mia risposta : ne profittai e m'inoltrai verso la scala. Tutti mi fecero largo ; raggiunsi la mia vettura e partii di galoppo.

A Pordenone, mentre cambiava di cavalli, vidi un gruppo di gente scender dal ponte correndo ed entrare nel cortile della posta : io non mi abigottiva, perchè era pronto a tutto ; ma appoggiavami alla vettura e li guardava fiso. I primi non osavan toccarmi, ma quei di dietro gli spingevano : i loro sguardi erano sì astiosi, i loro occhi sì feroci, che io temetti ricever qualche colpo di stile al momento che mi voltava per montare in vettura. Fortunatamente il postiglione era stato soldato nell'armata austriaca, come egli dopo mi disse ; appena mi vide sul montatoio, sferzò i cavalli e partì di gran passo. Giunsi in Trieste alle due del mattino. Non ostante l'ora avanzata della notte, v'erano ancora nella piazza crocchi di persone, che sembravano aspettare qualche notizia o l'arrivo di un corriere. Dissi agli ufficiali quanto sapea di Milano e mi feci condurre presso il general conte Gyulai. Aprì i dispacci, mi chiese particolarità sopra Verona, sullo stato del paese da me percorso, sovra Milano e sull' armata del maresciallo. Gli ripetei le voci che correvano alla mia partenza da Verona, ed egli mi ordinò sull' onore di non parlarne. Non osai dirgli, che non avendo ricevuto alcun ordine di nasconder quelle notizie, le avea già date agli ufficiali della gran guardia. Mentre parlavamo, ascoltammo un rumore di voci e di chiamate di genti, che sembravano adunarsi. Il conte andò tranquillamente alla finestra e mi accommiatò. Nello uscire scontrai nella scala alcuni giovani, i quali salivan correndo. « È vero, mi dissero in italiano, la notizia da voi portata intorno a Milano? » Io restai spaventato, ma risposi loro: « Io ho recato alcuni dispacci e non so quel che contengono. » Una folla chiassosa ingombrava la strada. M' imaginava che venissero a chieder notizie di Milano al conte Gyulai; ma ignorava quale speranza, qual passione agitasse quel popolo inquieto. Tutti coloro erano Italiani. Eran tratti innanzi al palagio dalla curiosità o dal desiderio di vendetta?.... Passai il rimanente della notte passeggiando per le piazze e per le vie, ascoltando ciascun rumore, temendo di veder fare attruppamenti, cominciare la sollevazione e la città in piena rivolta. Finalmente spuntò il giorno. Andai a trovare il conte Gyulai, e gli dissi tremante, che non sapendo ch' egli volea tener secrete le notizie di Milano, io le avea date agli ufficiali della gran guardia prima di essere da lui. Il male non era poi sì grande come l' avea creduto. Per la sua energia fidavasi tener tranquilla la città di Trieste, la quale per altro avea buone intenzioni e non potea mancar alla riconoscenza che dovea alla Casa d' Austria. Egli mi tranquillò con una esimia bontà. Felice e contento passeggiai tutto il giorno. Compresi bentosto di essere in una città amica; gli sguardi degli abitanti di Trieste non

somigliavan per nulla agli sguardi degl'Italiani di
Verona. La sera il general Gyulai mi fece e mi
diè dei dispacci pel generale conte Zichy a Venezia:
ignoravasi ancora a Trieste la sollevazione di quella
città. Partii alle dieci della sera sovra un battello
a vapore, e la notte incontrammo, senza vederlo a
cagione dell'oscurità, come seppi dopo, il legno
che portava a Trieste la notizia della rivoluzione
poc'anzi scoppiata a Venezia.

La mattina mentre ammirava entrando nel porto
la magnifica vista che offre Venezia, udii che ci
gridavan dal vascello di guardia: *Fòra la bandiera!*
Non posi attenzione a quel grido, imaginandomi
che fosse qualche formalità. Ma qual fu la mia
sorpresa, allorchè vidi i marinai abbassare la bandiera colle armi imperiali e una folla immensa
raunata sulla Piazzetta e sulla riva degli Schiavoni
far risuonare le grida di *Viva S. Marco! Viva la
Repubblica! Viva l'Italia!* ..... Due ufficiali di
marina salirono sul ponte; essi erano turbati in
volto; un di essi mi si accostò e mi disse con ci-
viltà, ma senza osar di guardarmi in volto, di scender
sulla gondola che con un capo era attaccata al vascello. Mi condussero per piccoli canali al palazzo
del Governo provvisorio, e mi fecero aspettare in
una gran sala piena di gruppi di uomini, i quali
parlavano con chiasso facendo gesti animati. Segre-
tarj, aiutanti di campo, tutti ornati di ciarpe tricolori, correano dall'una all'altra sala; mi si avvi-
cinò un ufficiale di marina, io gli dirizzai la parola:
« Non parlo tedesco » mi rispos'egli in buon tedesco voltandomi le spalle. Molte persone ch'eran
là, parevan confuse: il pallore dei loro volti, la
scompostezza dei loro lineamenti mostravano pur-
troppo quanto essi temevano. Un giovane coperto
di polvere recò una lettera: fu letta ad alta voce
e innanzi a me, tanto era grande la confusione. Il

comitato rivoluzionario di Treviso scriveva al Governo provvisorio, che « le truppe imperiali erano ancora nella città, che non poteva proclamarsi la repubblica e che la città avea tutto a temere dalla vendetta degli Austriaci. » Tutti parvero costernati; si chiamò il general Solera, il quale traversò la sala correndo.

Dopo un' ora fui condotto da Manin. Vidi un uomo piccolo di una cinquantina d' anni assiso innanzi uno scrittoio: teneva gli occhiali e pareva aver passato parecchie notti senza sonno; il suo volto era pallido e stanco, il suo sguardo languido. Mi considerò con istupore, come se cercasse indovinare quale scopo mi conducesse in Venezia in quel momento; poscia aprendo un tiratoio, nel quale io vidi dell' oro, ei vi mise la mano, e fissando i suoi occhi ne' miei: « Voi volete esser dei nostri, n' è vero? combatter per la nostra libertà? » mi diss' egli dimenando quell' oro. Io compresi quel gesto: « Signore, gli dissi io, sono di una nobil famiglia e ufficiale dell' Imperatore; conosco solo il mio dovere. » « Ebbene! mi rispose egli ironicamente, come vi piacerà: intanto sarete guardato qui. »

Già non era più tempo, perchè i dispacci che io dovea consegnare al conte Zichy potessero essere di qualche utilità; intanto sperando qualche felice congiuntura, avea la ferma volontà di giungere almeno a parlargli; mi calea poco quel che dopo accadrebbe. Per conseguir questo fine dissi a Manin: « Signore, io ignorava che a Venezia fosse proclamata la repubblica, e ci son venuto nel ritornare a Verona, per raggiungere il mio reggimento. Poichè son tenuto qui prigione, permettetemi almeno che io parli al general Zichy: la sua testimonianza mi salverebbe in appresso, perchè se non mi veggon tornare, si crederà che io abbia abbandonato la mia bandiera o abbracciato le parti del nemico : voi conoscete le leggi militari, io sarei casso di ufficio. » — « Questo non vi s'impedisce » mi diss'egli. Suonò; apparve un aiutante di campo, e gli disse alcune parole. Quell' ufficiale mi condusse al palazzo del Governo nella piazza San-Marco, e mi lasciò in una sala, dov'erano riuniti una trentina di giovani; un di loro si fe' verso di me, per attaccare al mio abito una coccarda; io rispinsi la sua mano. « Voi siete nostro prigioniero, guardatevi; mi diss' egli per ispaventarmi. Stamane il popolo ha massacrato due vostri ufficiali e il capo dell'arsenale. » Essi mi si avvicinarono, ed uno strappò la ghianda del pendone del mio cinturino, un altro mi tolse il caschetto e tagliò col suo pugnale la rosa e il gallone; era vano il difendermi. « Signori! signori! » lor gridò, rientrando, un ufficiale con tuono di rimprovero. Egli mi prese per il braccio, mi fece uscir dalla sala e mi condusse dal conte Zichy. Io aveva ravvolto i dispacci nella mia manica, sperando poterglieli dare secretamente ; ma siccome era osservato dalle sue guardie, gli dissi che io era tenuto prigione e molte altre cose, affine di guadagnar tempo. Dopo, appoggiando il braccio sulla lettiera, cercava col mio il suo sguardo, per fargli vedere il gesto che era per fare, onde lasciar cadere i dispacci : ma egli era indebolito, troppo abbattuto, per comprendermi. Temendo che i miei dispacci fossero presi dagl' Italiani, che erano nella camera, non osai lasciarli cadere sul letto. Fui ricondotto nella sala : un momento dopo entrò un giovane tutto spaventato gridando: « I Croati non vogliono accettar la capitolazione, non vogliono deporre le armi, e dicono che, se sono attaccati, voglion appiccar il fuoco alla città e far saltare il magazzino della polvere. » — « Boh! boh! » rispose un uomo di trista figura. Poi quell' uomo si assise, scarabocchiò alcune linee ed uscì. « Ecco, diss' egli rientrando dopo alcuni minuti e agitando in aria di trionfo una carta, ecco l' ordine ai Croati di deporre le armi. Esso è firmato : *generale conte Zichy.* » Io non so come quell' individuo abbia fatto per ottenere così la firma del conte.

Finalmente un ufficiale della guardia civica venne da me e mi condusse, attraversando molte strade, sino ad una casa grande in una piccola piazza; aprì l' inferriata, mi disse di aspettare nell' atrio e, lasciatomi solo, salì la scala. In quel tragitto avea pensato alla possibilità d' involarmi per una delle piccole vie che tagliavano quelle che noi tenevamo. Io conosceva alcune persone a Venezia, e avrei potuto nascondermi. In quel cortile era solo, e mentre mi appoggiava al muro pensando al modo come tutto ciò poteva finire, vidi per la porta, che dava sull' acqua, passar molte gondole. Mi ritornò l' idea di fuggire, e facendomi verso una di quelle, vi montai su con volto tranquillo. Dando a divedere una gran calma, che del resto non ingannò i gondolieri, ordinai di condurmi al gran canale; indi, messisi appena per quella via, dissi loro che desiderava andare a Mestre, e proponea loro di condurmivi. Quei gondolieri erano finti ed astuti, come tutti gl' Italiani (1) : essi capivano bene che io cercava fuggire; ma mediante denaro, m' avrebbero recato in America. Sboccati dal gran canale nel mare, qualcuno vide probabilmente il mio cappotto bianco, ed io udiva gridar dalla riva: « Un Austriaco che si salva !» In un momento le due rive furono piene di gente che gridava : « È un ufficiale ! è un Austriaco che si salva ! Abbordate ; a bordo, a bordo alla gondola ! » Un giovane, capo di una pat-

---

(1) Io non credo che tutti gli stranieri vogliano giudicare la finzione e la furberia esser carattere di *tutti* gl' Italiani. — *Nota del trad.*

tuglia, arrivava in quel punto sulla riva; i miei
gondolieri furono costretti ad approdare: quel giovane era elegante, avea l' aria di un uomo gar-
bato. Egli mise il piè nella gondola e mi domandò
il mio *permesso*. Non sapendo che mi fare, gli
porsi la mia carta di corriere: egli vide bene che
essa non valeva a nulla; ma il pericolo ch' io correva gl' inspirò probabilmente qualche compassione,
e volgendosi verso il popolo, disse: « Tutto è in
regola; gondoliere avanti! » E il popolo avvezzo
all' obbedienza ritirossi senza dir parola.

Finalmente era fuori di Venezia! Camminammo
lungo l' immenso ponte della strada ferrata, e vidi
una *locomotiva* ornata della bandiera tricolore giungere allo sbarcatojo; essa, come seppi dopo, recava
false notizie; per fare continuare il calore della rivolta, la gente che v' era dentro gridava: — *Treviso,
Vicenza han proclamato la Repubblica!* — *Viva
S. Marco!* rispondeva il popolo. La condotta irre-
soluta dei Veneziani mi avea suggerito nel viaggio
di andare a trovare in Padova il generale barone
d' Aspre che vi comandava. La sua energia, i suoi
talenti erano conosciuti da tutta l' armata; e pare-
vami che, spingendo alcuni battaglioni su quella
città maravigliata ancora della sua libertà, avrebbe
potuto ristabilirvisi l' autorità imperiale. Arrivando a
Mestre, i gondolieri si fermarono presso una casa
isolata, dove io avrei potuto, mi dissero, trovare una
vettura e cavalli. Io non diffidai del padron della
casa, e gli dissi che voleva andare a Padova. « A
Padova! » esclamò egli studiandosi di mostrare una
grande sorpresa; « ma la campagna è piena di *crociati* e di contadini armati: uscito appena di Mestre, voi sarete assassinato o impiccato a qualche
albero. » Egli indovinava, che dovea impedirmi di
andare a Padova. « Io vi domando, gli dissi, una
vettura e cavalli, e subito. » — « Ah! signore, mi

diss' egli con gran calore; poichè non posso trattenervi ed impedirvi di affrontare una morte certa, permettete almeno che vi dica addio, che vi abbracci versando lagrime sulla infelice vostra sorte. » Poi guardando il cielo: « Sì giovane! esclamò, e correr così alla morte! » E abbracciandomi, versò alcune lagrime; ma vedendo inutile ogni sforzo per isvolgermi dal mio progetto, volle farmi arrestare; e, sotto pretesto di andare a cercar la vettura, risalì meco una lunga via, la quale da un lato aveva il muro del canale. Siccome egli guardava sempre nell' acqua con affettazione, gli dissi: « Che cosa dunque ci vedete? » — « Ah! mio Dio! mi rispose, stamane il popolo ha massacrato alcuni soldati del reggimento d' Este, e ne ha gettato i loro corpi nel canale. » Seppi dopo che ciò non era vero. Io camminava presto, per timore di essere circondato dalla gente che riempiva la strada e cominciava già a seguirmi; giunsi nella piazza, dov' erano molti crocchi di uomini: mi fermai e appoggiai le spalle al piccolo muro del canale, con animo tranquillo e pronto a tutto: quel mio uomo mi avea lasciato. Tutta quella gente si avanzò allora verso di me, da prima lentamente, come curiosi che vengono a guardare, poi, quando ebbero formato intorno a me un semicerchio, quelli ch' eran dietro, gridarono: « *Morte al cane! morte al Tedesco!* » Essi spingevansi gli uni gli altri agitando le loro braccia ignude, per minacciarmi. Io guardavali in faccia senza tremare, ma temeva d' esser gettato nel canale dal piccolo muro della sponda, allorchè un piccol uomo con un cappello da prete e una larga sciarpa rimosse il popolo e si appressò a me. Pensai che quegli fosse il podestà, e prendendolo fortemente colla sinistra pel collarino, gli dissi, tirando la mia sciabola: « Se questa gente mi tocca, io vi immergo la mia sciabola nel ventre. » Egli tentò

saltare indietro; ma io lo tenni ben forte, ed egli
si fermò guardandomi fiso. Due personaggi ben vestiti, temendo probabilmente la vendetta delle truppe,
si posero allora tra me e la folla; essi mi difesero
coi loro corpi, e chiamarono un uomo che passava
lì presso con una piccola carriola. Quei pochi minuti mi erano sembrati molto lunghi: io era bagnato
di sudore. Quei signori salirono nella carriola al
mio fianco, che prese immantinente la via di Castelfranco. Mi accompagnarono sino alla campagna:
e, salutatomi, scesero di vettura.

Deposi il pensiero di recarmi a Padova: io era
il zimbello della commedia dell'uomo di Mestre
e della sua finta sensibilità, perchè io seppi, dopo
che non vi era un sol *crociato* tra Mestre e Padova.
Giunsi la notte a Castelfranco e andai alla caserma:
i cavalli eran sellati, gli ufficiali e i soldati allegri
e pronti a combattere; essi mi abbracciarono cordialmente; l'avvicinarsi del pericolo ci rendeva
fratelli; un d'essi mi diè delle pistole. Continuai
il mio viaggio, pervenni a Verona il 23 marzo al
far del giorno e consegnai al general Gherardi i
dispacci da me recati da Trieste e gelosamente
conservati. Alcune ore dopo il general Gherardi mi
propose di recare al generale barone d'Aspre a
Padova l'ordine di concentrare a Verona tutte le
truppe della provincia di Venezia: partii all'istante;
ma il general d'Aspre avea prevenuto quest'ordine, lo trovai in marcia presso Vicenza; riunì la
guarnigione di questa città alle truppe che conduceva da Padova, e giunse la mattina del 24 in una
sola marcia a Verona, la cui guarnigione ascese
allora a sedicimila uomini.

La mattina del 29 fui spedito a Peschiera con
due squadroni di cavalleggieri; mentre noi entriamo
per una porta, tre squadroni di ulani dell'Impe-

ratore e quattro compagnie di *Sluiner* (1) entravano
per l'altra; essi erano stati costretti di lasciar Cre-
mona e Bergamo e da sei giorni erravano per tutta
la Lombardia: trovando per tutto i ponti tagliati e
le città barricate, erano stati costretti di traversare
il Chiese al di sotto di Montechiaro; quando gli
abitanti di questa piccola città li videro inoltrati
nel fiume, aprirono le cateratte; alcuni uomini e
alcuni cavalli annegarono, e il capitano Sokesevich
degli *Sluiner* fu ucciso da quei vili al punto in cui,
giunto a sfuggire dalla corrente che lo trascinava,
già afferrava la sponda. Questa era la prima volta
che io vedea soldati reduci da un combattimento;
i cappotti bianchi erano macchiati di sangue, e
alcuni uomini scavalcati marciavano con aria fiera
dietro la truppa, appoggiandosi sulle loro lance
rotte. Arrivati a Bussolengo, non lungi da Peschiera,
gli *Sluiner* aveano sforzato il passo, saccheggiato
alcune case e botteghe, e il dopo pranzo li vidi
nella piazza occupati ad avvolger i loro piedi neri
e contusi in pezzi di stoffa. Quei bravi Croati aveano
sì poca idea del lusso il più ordinario della vita
che, avendo trovati dei piatti di porcellana dorata,
ne ruppero gli orli e li conservarono gelosamente,
credendo che quella doratura avesse qualche valore.

Noi eravamo sempre senza notizie di Milano e
del corpo d'armata del maresciallo, noi sapevamo
che il Re Carlo Alberto avea passato il Ticino alla
testa di una numerosa armata: le voci più sinistre
circolavano da tutte le parti, e quei giorni erano
crudeli per tutti, perchè il cuore il più egoista non
poteva restare insensibile alla sorte di tanti compa-

---

(1) Soldati del quarto reggimento di fanteria delle
frontiere militari, che si arruolava nel distretto della
Croazia che avea per capo-luogo Sluin. Ora il capo-luogo
è Carlstadt.

gni d' armi. Il domani del nostro arrivo a Peschiera
(30 marzo 1848) fui spedito col mio squadrone ad
esplorare i luoghi verso Desenzano; il tempo era
bellissimo, un sole raggiante si levava sulle rive del
lago di Garda, dove si vedevano le belle montagne
cilestri del Tirolo, già tutte risplendenti di luce.
Improvvisamente veggo apparire in sulla strada un
cavaliere : com' egli m' ebbe veduto, volse la briglia
e partì di gran passo, ma noi spingemmo i nostri
cavalli al galoppo. — *Viva i cavalleggeri!* — Il cavaliere è ben tosto preso, cacciato di sella e frugato
dai miei, che gli trovaron sopra il seguente procla-
ma : « All' armi ! l' armata di Radetsky, cacciata
da Milano, fugge verso Verona! All' armi, valorosi
Italiani ! Coraggio ! e l' Italia sarà libera ! » Inter-
rogai quell'uomo, e seppi da lui, che il maresciallo
era col suo esercito dal lato di Brescia. Il maresciallo dovea esser anche senza notizie del resto
d' Italia ed ignorava la nostra sorte ; risolvetti di
giunger sino a lui, e, montato sopra un cavallo po-
lacco ardente e forte, mossi, seguito dai più bravo
de' miei uomini.

Giunsi di galoppo colle pistole alla mano sulla
piazza di Desenzano; e, per ispaventar la gente che
era là, ordinai di preparare trecento razioni di foraggi per una divisione di cavalleria che stava per
arrivare. Ripartii senza che alcuno avesse osato tirare su di me ; ciò mi rese audace, e, continuando
il mio viaggio, pervenni alle prime case di Lonato.
Io spingo il mio cavallo al galoppo per le vie della
città, e minacciando colla mia pistola un gruppo
d' uomini ch' erano nella piazza, sento da essi che
l' armata del maresciallo è a Montechiaro. Riparto
ridestando l' ardore del mio cavallo, e poco dopo
scorsi sulla strada i due ussari dell' estrema vanguardia. La gioja mi fe' balzare il cuore ; io sven-
tolava il mio fazzoletto bianco, affinchè non tiras-

sero su di me, e risalii per più di un'ora su quella stretta via, lungo il corso di quel fiume di uomini, di cavalli e di vetture. Gli ufficiali mi dissero che il maresciallo era senza notizie di Verona, e che Mantova e Peschiera si credevano in potere dei rivoltosi. Impaziente di arrivare, spingeva a stento il mio cavallo tra quelle onde di uomini, finalmente vidi il maresciallo sovra una spianata, e saltando di cavallo: « Eccellenza, gli dissi, il general d'Aspre è a Verona: Mantova e Peschiera sono ancor nostre. »

Allora il maresciallo mi abbracciò più volte stringendomi al suo petto: sino a quel momento non avea avuto nel cuore la calma e la tranquillità che mostrava nel suo volto; la commozione della gioia fe' scorrere alcune lacrime sul suo viso venerando, e stringendomi con affetto le mani mi disse che penserebbe pel mio avanzamento. Generali e colonnelli vennero ad ascoltare le buone notizie di Verona, che furono in un istante comunicate a tutta l'armata; io era perfettamente felice.

Io ripartii, e, oltrepassando l'avanguardia, che dovea fermarsi a Lonato, continuai solo il cammino verso Peschiera, perchè il cavallo del mio cavalleggero era troppo stanco, ne potea quindi seguirmi. All'uscir di Desenzano, mi ricordai che la mattina, al vederci, avevano suonato in segno di allarme la campana di una piccola chiesa posta a diritta della strada. Vi corsi di galoppo: alcuni gruppi di nomini erano riuniti innanzi la chiesetta. Giunsi fra loro come un fulmine, e, fermando il mio cavallo, presi un di essi di mira colla mia pistola: « Son cinque ore, gli dissi io; se in venti minuti quella campana non è giù e sopra un carro, io ti fo saltar le cervella. » Egli cadde in ginocchio, cominciò a piangere e gridare agli uomini, ch'eran lì: « Per amor di Dio! presto! presto! abbiate pietà di me: son per essere ucciso; presto la campana! » Alcuni corsero alla chiesa per distaccarne la campana, altri attaccarono i cavalli ad una carriuola. Affinchè la paura li facesse andar celeri, io abbassava ad ogni momento la canna della mia pistola verso quell'uomo, che allora si metteva a gridare e abbassava la testa come un' anitra che si tuffa nell' acqua. Egli era sì spaventato, che, quando io mi avvidi di non aver più nulla a temere, gli dissi di star tranquillo e che sul mio onore non gli accadrebbe nulla di sinistro; egli non osava ancora rialzarsi. Per rassicurarle, gli regalava alcune monete di argento. Entrai a Peschiera in trionfo, seguito dalla carriuola, in cui era quella campana. E volendo essere il primo ad annunziare al general d' Aspre in Verona le buone notizie del maresciallo e della sua armata, partii su di un cavallo fresco, accompagnato da una ordinanza: ma siccome quel cavaliere non potea seguirmi assai celeremente, gli dissi di venirmi a trovare al caffè militare, tostochè sarebbe giunto in Verona, ed io mossi avanti. — Entrai in città a dieci ore della notte e mi recai subito ad avvisare il general d' Aspre, che l' armata del maresciallo era quasi tutta a Montechiaro e veniva a riunirsi alla sua; tutti ne furono lieti, mi strinsero le mani e invidiarono francamente la mia fortuna di avere raggiunto e veduto il maresciallo; io era rotto dalla fatica, mi gettava sopra un canapè e m' addormentava.

I primi ufficiali, che incontrai la domane per tempissimo nella piazza, parevano maravigliati e lieti di vedermi: « Ah! eccoti! » mi dicevano essi, abbracciandomi cordialmente. Io era sorpreso di quella gioia sì espressiva: l' attribuiva alla buona notizia che io aveva arrecato; ma essi la ignoravano ancora, e non compresi bene dapprima ciò che essi dicevano. Capii finalmente quel che produceva la loro sorpresa. Avea dimenticato il giorno innanzi, dopo essere stato presso il generale d'Aspre, lo appuntamento dato al mio cavalleggero. Questi era giunto al caffè militare, chiedendo per tutto dov' io mi fossi, molto spaventato sul conto mio, perchè nella via alcuni contadini insorti gli aveano tirato parecchi colpi di fucile; non avendomi alcuno veduto entrare in città, nessuno potè dirgli dove io mi fossi. Egli mi avea cercato tutta la notte nelle caserme, e, non trovandomi, si lamentava, dicendo, che io era stato certamente ucciso. Ora tutti meco si rallegravano, gli uni per le buone notizie da me recate, gli altri perchè mi avean creduto morto. La gioia brillava in tutti gli sguardi, la speranza in tutti i cuori. Radetzky era per giungere; quel nome glorioso valeva solo un' armata.

III.

In quell' epoca correva generalmente in Verona e in tutta l' Italia la voce, che il Governo austriaco era deciso di abbandonare la Lombardia e la Venezia. Gl' Italiani credeano o facean sembiante di credere, che la repubblica era proclamata col nostro consentimento, e che le truppe si ritiravano d' ordine del Governo e per sempre. In Mantova, per esempio, si prometteva ai Piemontesi e si sperava ottener dal maresciallo Radetzky, che questi abbandonerebbe la fortezza e ne affiderebbe ad altri il comando. La base di tutti i principj di diritto e di giustizia era in quel momento violentemente scossa. Gl' Italiani consideravano quasi come un dovere l' ajutarci a sgombrare il paese, e, siccome son gente ben educata, degnavansi anche di manifestare qualche dolore di vederci partire. Alcuni dei nostri capi, divenuti licenziosi per cagion della rivolta, aveano essi medesimi, per così dire, favorito quelle idee, organizzando nelle città, dalle quali eran costretti a ritirare le guarnigioni, dei governi provvisorj, o perchè, non potendo domare la rivoluzione, volessero salvar le apparenze e far credere di esser loro consentimento che la rivolta si organizzasse, o perchè essi volesser così salvar quelle città ribelli, che ci trattavano ancor generosamente, dagli orrori dell' anarchia e dagli eccessi di un popolazzo in delirio. Quella scintilla di libertà accordata all' Italia diveniva, al soffio delle sue passioni, una fiamma ardente, che già tutto invadeva, tutto consumava.

Il Governo austriaco era sì debole, sì irresoluto in quel tempo, che molti nell' armata credevano al pari degli stessi Italiani all' imminente sgombramento della Lombardia. E qual meraviglia? Si avvezzavano i soldati coraggiosi e fedeli a soffrire tutte le avanie. La guardia nazionale occupava tutti i posti; i borghesi c' insultavano colle loro dimostrazioni guerriere, colle loro coccarde, colle loro ciarpe tricolori; Vienna medesima era in preda all'anarchia; l' Imperatore era senza potere, e il paese era in sul punto di rinnegare apertamente quell' armata, che periva per salvar la sua gloria. Tutto ci abbandonava; ma il sentimento del diritto, dell' onore e della giustizia, la brama di sacrificarsi per la patria, eran vivi ancora nelle file dell' armata; molti ufficiali, ed io mi reputo ad onore l' annoverarmi fra essi, dicean ben alto: Se il Governo abbandona l' Italia, noi lascerem subito il servizio. Anzi eran pronti, pria di sgombrar Verona, di affrontare il fuoco del nemico, di perir gloriosamente colle armi alla mano, affinchè il loro nome non fosse immerso nella comune vergogna. Ecco ciò che essi pensavano, che leggevasi nel fuoco dei loro occhi, e che non osavan dire, perchè il soverchio entusiasmo ha sempre a se vicino un po' di ridicolo. Ma Radetzky solo rimetteva in onore la bandiera imperiale, e l'anima sua energica era già per fare uscire degli eroi dalle file di quell' esercito abbattuto.

Il maresciallo entrò in Verona il 2 aprile, e lasciò una parte delle sue truppe a guardia dei passi del Mincio. Egli calcolava, secondo i principj della strategica, che, essendo nostre le estremità di quella linea — Mantova e Peschiera — i Piemontesi non oserebbono tentar di passare il Mincio ed esporre così i loro fianchi. Intanto quest' ultimo caso era preveduto, e l'armata del maresciallo essendo allor molto debole per difender quella linea e arrestare il nemico, quelle truppe aveano ordine, se i Piemontesi presentavansi con forze considerabili per isforzare il passaggio, di far saltare in aria i ponti e ripiegarsi sopra Verona. Avendo dunque i Piemontesi spiegato tutte le loro forze sulla riva diritta e attaccato con tre brigate e ventotto pezzi di cannone Goito, guardato dalla sola brigata del generale Wohlgemuth, la superiorità del loro fuoco obbligò i nostri ad allontanarsi (son le parole della relazione italiana del general Bava, capo dello stato-maggiore dell' armata piemontese) dopo un combattimento breve, ma sanguinosissimo; paichè, bravando gli ordini dei lor capi, i nostri soldati e principalmente quelli del reggimento dei cacciatori dell' Imperatore, i quali in quel combattimento perdettero un nipote di Andrea Hofer, non voleano affatto ritirarsi. Avendo i Piemontesi ristabilito i ponti, passarono il Mincio il giorno 8 a Goito, il 9 a Monzambano, il 10 a Valleggio, e occuparono quelle borgate colle loro truppe di avanguardia: tutte le nostre forze furono allora riunite e concentrate in Verona.

A piè dell' ultimo pendio delle montagne del Tirolo, verso il mezzo di una curva formata dall'Adige, sorge la città di Verona. Il suolo piano e unito sulla riva destra dell' Adige si eleva a un tratto e

quasi ugualmente ad un quarto di lega dalla città,
formando così una rapida scarpa su tutta la lunghezza di un semicerchio di una lega e mezza di
estensione. Le estremità del semicerchio vanno a
congiungersi, sopra e sotto Verona, con quelle
della curva formata dall' Adige. Al di sopra di
quella scarpa, quasi ad uguali distanze e come una
linea di difesa tracciata dalla natura, trovansi i villaggi di Chievo, S. Massimo, S. Lucia, Tomba e
Tombetta, che noi occupammo colle nostre truppe,
avendo l'ala diritta a Chievo e la sinistra a Tombetta.

La sera del 10 andava agli avamposti dinanzi
Chievo con due squadroni di cavalleggieri, e, avendo
situato le vedette, spediva tutta la notte alcune pattuglie sin verso Bussolengo. Avendo la mattina del
giorno appresso ricevuto l'ordine di distruggere un
magazzino di polvere, il quale era fuori la linea
degli avamposti, mi recai al posto designato con
venti dei miei uomini. Nell' entrare, il rumore degli
sproni sul lastrico mi fe' pensare, che noi avremmo
potuto agevolmente saltare in aria prima di avere
eseguito la commissione affidatami, e in verità vi
era tanta e tal materia da farci saltare assai alto.
Versammo l'acqua nelle botti e in men di un'ora
seicento quintali di polvere non furono altro che
fango nero e denso.

Il dopo pranzo le mie pattuglie inoltrate a gran
distanza, non avendo scontrato il nemico, ordinai i
miei soldati nel cortile di una fattoria, feci sbrigliare i cavalli, per dar loro l'avena, e andai a sedermi in una camera; quand' ecco dopo pochissimi
istanti una violenta detonazione fa volare in aria i
vetri in ischegge. Mi precipito nel cortile. Il nemico
doveva esser molto vicino. Corro verso la porta del
cortile, risoluto di difenderla contra coloro che venivano a piombar su di noi: ma non vedendo venir
nulla, inviava una pattuglia per esplorare il paese.

Una polveriera saltata in aria dalla parte di Bussolengo avea cagionato quell' allarme e tutto quello
spavento.

Il domani, 12 aprile, il maresciallo fece attaccare Castelnuovo dalla brigata Taxis. Alcuni battaglioni di volontarj e i giovani che la principessa
Belgioioso avea condotto da Napoli s' erano gettati
in quel borgo posto sulla strada da Verona a Peschiera, per tagliar così le comunicazioni con quella
fortezza. Essi si difesero da disperati. I razzi alla
congrève appiccarono il fuoco alle case, e i poveri
abitanti, cui i volontarj avean costretto a restare per
aiutarli a barricar le vie, perirono quasi tutti bruciati o soffocati. La sera la brigata Taxis rientrò a
Verona. Il coraggio, il sacrifizio di se, che mostrarono in quel combattimento gli ufficiali, li fecero
amare dai soldati di quella brigata composta d' Italiani; molti restaron fedeli al vessillo imperiale, e
la sera sfilando nella piazza gridavano : « Viva l'Imperatore! vivano i nostri valorosi ufficiali! noi li
seguiremo per tutto. » Essi menavan seco tra prigionieri un prete, che avean preso colle armi alla
mano: essi l' aveano imbacuccato con un caschetto
ed una quantità di corregge e correggioni bianchi,
che faceano sulla sua lunga sottana nera la più ri-
dicola mostra.

Il giorno seguente, 13 aprile, io partii alle quattro della mattina colla brigata Gyulai di cui il mio
squadrone facea parte, per trasportare un convoglio
di munizioni e due compagnie d' artiglieria a Peschiera. Queste truppe entrarono per la porta della
riva sinistra del Mincio, mentre Carlo Alberto dalle
alture della riva diritta cominciava a far fuoco contro
i bastioni della fortezza.

Siccome noi eravamo vicinissimi a Castelnuovo,
io vi andai. Di tutte le case, cinque solamente, che
erano isolate, avevano ancora i lor tetti ; tutte le

altre eran bruciate, le macerie fumavano ancóra; le strade eran piene di cadaveri, uomini, donne, fanciulli mezzo arrostiti, cui venivano a divorare i cani dei dintorni attirativi dall' odore: era uno spettacolo orrendo. Presso la chiesa una vecchia irrigidita dalla morte era stesa supina; i suoi capelli bianchi nuotavano in un mar di sangue, e la sua mano tenea la mano di una giovanissima ragazza, le cui vesti erano state consummate dalla fiamma. Com' è singolare la sensibilità dei soldati! Mentre allo splendor dell' incendio cominciava il massacro ed essi trafiggevano a colpi di bajonetta i nostri disertori che prendevano colle armi alla mano combattendo contra di noi, ecco saltar sulla via una caprettina bianca: subito la prendono, la portano in disparte, affinchè non le accada qualche sinistro, e ciascuno la carezza e va in cerca di erba fresca per essa. — Era una bestiuola sì graziosa! veramente bisognava non aver cuore, per farle male. — Così dicevano quegli uomini, le cui mani eran rosse di sangue!

Rientrammo in Verona il giorno seguente alle due della mattina, dopo essere stati ventun' ora in marcia: soffiava scirocco, e le nostre genti provando la prima volta gli effetti del calore rilassante che questo vento conduce, si trascinavano penosamente. Tre giorni dopo la municipalità di Bussolengo inviò alcuni uomini in Castelnuovo, per sepellire i morti: essi trassero ancora dalle rovine più di ottanta cadaveri.

Il giorno dopo il nostro ritorno in Verona, l' ajutante generale Schlitter venne al campo, ed ebbe la bontà di mandarmi come ufficiale di ordinanza appresso la persona del maresciallo. Malgrado l'onore che quella scelta facea riflettere su di me, io non risposi da prima alla comunicazione dell'ajutante generale che pregandolo di lasciarmi presso

i miei soldati; essi mi erano affezionati, ed io sperava distinguermi un giorno con essi in qualche
nobile fatto d' arme: in fine cedendo ai consigli dei
miei compagni, accettai l' onore che mi era offerto.

Noi restammo nell'inazione sin verso la fine di
aprile. Avendo i Piemontesi il 22 aprile fatto una
grande scorreria verso Villafranca, passarono il Mincio e i giorni seguenti occuparono le forti posizioni
di Custoza, Sommacampagna, Sona, Santa Giustina
e Palazzolo, per impedire le comunicazioni tra Verona e Peschiera. Tutta la nostra armata fu allora
concentrata a Verona. Noi non possedevamo più
in tutta l' Italia che Verona, Mantova, le due piccole fortezze di Peschiera e di Legnago e il terreno occupato dai nostri avamposti. Noi non avevamo altra comunicazione col resto dell' Impero,
che la strada del Tirolo sulla riva sinistra dell'Adige: il Tirolo era pieno di bande armate, che guardavano i passi delle montagne; i *crociati* uniti alle
truppe italiane, che a Treviso e Udine eran passate dalla parte dei rivoluzionarj, tagliavano i ponti
e distruggevan le strade sin nella Carinzia, e l' armata che dovea radunarsi sull' Isonzo, per venirci
a mettere in istato di riprendere l'offensiva, doveva
ancora crearsi.

La posizione, che i Piemontesi aveano poco
innanzi presa tra Sona e Santa Giustina, ci tron-
cava la comunicazione diretta con Peschiera. Ma
avendo il maresciallo fatto gettare un ponte sull'
Adige a Pontone, villaggio sulla riva sinistra a tre
leghe sopra Verona, potevamo far passare sulla
riva diritta le truppe inviate da Verona, sia per
ristabilire le comunicazioni con Peschiera, sia per
piombiar con vantaggio sul fianco destro e alle
spalle dell' esercito piemontese e per impedirgli
principalmente di occupare la destra sponda dell'
Adige, donde il fuoco degl' Italiani ne avrebbe

potuto troncare la via del Tirolo. La brigata
Wohlgemuth fu scelta alla guardia di quel passo,
ed occupò la forte posizione di Pastrengo sulla
riva diritta, coprendo così il ponte e spingendo
i suoi avamposti sino a Colà e Pacengo sotto le
mura di Peschiera.

I Piemontesi ben comprendevano quanto loro
importava toglierci i mezzi di operar sulla riva
destra, e risolvettero di prender l'offensiva. Il dopopranzo del 28 aprile essi operarono alcuni movimenti, che fecero giudicare al generale Wohlgemuth
che il domani sarebbe attaccato. Inviò immantinenti
un ufficiale degli ussari in Verona con quella notizia, ed io mossi per ordine del maresciallo in sul
far della notte, per annunziare al general Wohlgemuth che l'Arciduca Sigismondo era per arrivare,
affine di sostenerlo e congiungere la sua brigata a
quella di lui. Ma il generale sapea certo, mercè
le numerose e ardite pattuglie di ussari che bat-
teano la campagna, che i Piemontesi preparavansi
ad inviar contra di lui forze considerabili. Egli
adunque mi raccomandò di pregare il capo dello
stato maggiore di far sortire alcune truppe di Verona sulla destra sponda, per assalire alle spalle i
numerosi corpi, il cui attacco era già per sostenere.

Carlo Alberto, appunto come il generale Wohlgemuth avea preveduto, lasciando il primo corpo
d'armata, per guardare nel tempo del combattimento i posti fra Custoza e Sona, venne ad assalirlo
(29 aprile) con tutto il secondo corpo, con tutta
la divisione di riserva e colla brigata della Regina.
Wohlgemuth avea solamente la sua brigata e quella
dell'Arciduca; ma la sua energia raddoppiava le
forze; egli sostenne sino alle quattro pomeridiane
quel combattimento ineguale con un coraggio ammirabile, sperando intanto lo effetto dell'attacco
delle truppe sortite di Verona per cogliere il nemico

alle spalle. Avendo i Piemontesi spiegata la loro
diritta, non ostante l' eroica resistenza di sei compagnie di cacciatori comandati dal colonnello Zobel,
egli fu costretto di mandar l' ordine della ritirata
alle truppe che guardavano la sinistra della sua
posizione appoggiandosi all' Adige; cominciò il movimento retrogrado, ma in una sola strada che me-
nava al ponte per una discesa ripida e sovra un
terreno tagliato di fosse piene di acqua e piantato
di vigne intrecciate a festoni, che non permetteva
affatto di collocarsi a scaglioni.

Wohlgemuth si ritirò tranquillo e fiero, seguito
dal maggiore Knesevich, comandante un battaglione
di Croati, che infiammato dall' ardore del suo capo,
aveva aspettato per ritirarsi che il generale in persona venisse a dargliene l'ordine. Tutto a un tratto un
giovane ufficiale piemontese, seguito da una ventina
di cavalieri, si scagliò coraggiosamente sul battaglione e volle toglierne la bandiera; egli cadde
crivellato di palle, e avendo i nostri soldati preso
le lettere che teneva addosso, conoscemmo che era
il marchese di Bevilacqua, d' una delle più nobili
famiglie d' Italia. Una di quelle lettere era di un
amico il quale dicevagli che non poteva sopportare
il dolore della assenza di lui, e che verrebbe a
Peschiera il 3o aprile colla speranza di stringerlo
al suo cuore. I sentimenti cavallereschi, che animavano la nostra armata, ci fecero ammirare il coraggio
del marchese di Bevilacqua e piangere la sua morte.
Noi eravamo orgogliosi di avere a combattere siffatti
nemici.

Noi perdemmo molta gente in quel fatto d' armi.
Non ostante il coraggio del maggiore conte Festeties,
trecento uomini di un battaglione del reggimento
Piret non poterono riguadagnare il ponte e furon
fatti prigionieri. Intanto che Wohlgemuth sosteneva
quella lotta gloriosa, la brigata Rath sortiva di Ve-

rona per fare una dimostrazione contra i posti dei Piemontesi tra Sona e Palazzolo, ma quelle posizioni eran difese da truppe, e nel dopo pranzo la brigata Taxis, più tardi la brigata Lichtenstein, essendo state inviate per sostenere la brigata Rath, quelle truppe si avanzaron sin verso l'Osteria del Bosco. Disgraziatamente di là esse poteron solo scambiar col nemico qualche colpo di cannone.

I Piemontesi incoraggiati dal prospero-successo poco avanti ottenuto, eccitati dai Lombardi, i quali, tranquilli spettatori della guerra, faceano, assegnamento sul coraggio di quelli, credettero, come loro assicuravasi, che le truppe italiane, le quali il maresciallo aveva ancor seco in Verona, non aspettassero che una occasione favorevole per passare dalla parte dei rivoluzionarj. Essi lusingaronsi ancora che gli Ungheresi, avendo saputo il movimento liberale che agitava la loro patria, simpatizzerebbono con essi e ricuserebbero di battersi per una causa contraria alla loro opinione. Così, abbagliati da pazze illusioni, risolvettero di fare una grande scorreria fin sotto le mura di Verona. Essi contavano sopra un brillante successo. Ma quella temeraria impresa fu anche eseguita peggio di quel ch'era stata concepita. Il loro capo conosceva male il terreno sul quale andava ad operare, e credeva poter padroneggiare colla sua volontà le diverse fasi della battaglia; egli ignorava che su quel suolo piantato di folti alberi, ingombro di grandi ammassi di pietre a guisa di argini, dato una volta la spinta, egli perderebbe interamente di vista le truppe e non sarebbe più padrone di dirigere l'azione: ciascun capitano sarebbe stato abbandonato a se stesso nell'attacco di una linea che avea più di una lega di estensione. I diversi corpi aveano da altra parte ricevuto l'ordine, che, quando fossero arrivati ai posti, i quali doveansi da essi occupare prima della battaglia, attendessero ordini ulteriori per incominciare il combattimento, e insieme di non prendere alcuna iniziativa, se riportavano qualche vantaggio e pervenivano a rompere in qualche punto la nostra linea di difesa.

La sera del 5 maggio Carlo Alberto si decise a fare assalire i posti che occupavano le nostre truppe innanzi Verona. La nostra ala diritta era a Croce-Bianca, il centro a Santa Lucia, l'ala sinistra a Tomba. Il Re di Sardegna risolvette di rompere la nostra linea di difesa a S. Massimo, villaggio tra Croce-Bianca e S. Lucia. Ecco in brevi parole quale era l'ordine di attacco dalla parte dei Piemontesi. A sinistra la terza divisione, condotta dal generale Broglia, doveva assaltare Croce-Bianca: al centro la prima divisione sotto gli ordini del generale in capo Bava, sostenuta dalla divisione di riserva, marcerebbe sopra S. Massimo e comincerebbe l'attacco: a diritta la seconda divisione comandata dal generale Passalacqua, assalirebbe S. Lucia. La prima divisione sostenuta da tutta la divisione di riserva romperebbe la linea degli Austriaci a S. Massimo: e allorchè le altre due divisioni si fossero impadronite dei villaggi di Croce-Bianca e di S. Massimo, si fermerebbero sull'estremità della scarpa, che signoreggia la pianura di Verona, e attenderebbero nuovi ordini. Quattro pagine di disposizioni notavano in seguito ciascun momento della battaglia : tutto dovea passare come sopra un campo di manovra e, per così dire, coll'orologio alla mano.

La principale e vera cagione dell'infelice esito di questa impresa fu, che i capi dei corpi piemontesi furono istruiti troppo tardi degli ordini della battaglia, e quando la mattina del 6 essi si misero in movimento, nessuno, eccetto alcuni generali, avea potuto conoscere il disegno dell'attacco. Perciò ac-

cade che la prima divisione, la quale avrebbe dovuto rompere la nostra linea a S. Massimo, andò
ad assalire Santa Lucia; la seconda divisione non
arrivò che un' ora dopo il mezzodì al luogo dove
ella doveva operare; e la terza, che non ottenne
alcun successo all' ala sinistra, fu respinta con perdita da Croce-Bianca e si ritirò nel massimo disordine.

La brigata d'Aosta, sostenuta dalla brigata delle
guardie e seguita dalla divisione di riserva, arrivò
sola all' ora designata e cominciò l' assalto contra
Santa Lucia alle dieci della mattina. I Piemontesi
si lanciarono all' assalto delle case e del cimitero,
che fu preso e perduto più volte: essi, non ostante
il loro numero, furono dopo un gagliardo combattimento respinti ed obbligati a ritirarsi a qualche
distanza, per aspettar l' arrivo della loro seconda
divisione. La battaglia fu continuata a colpi di cannone, ed, essendo arrivata la seconda divisione un'
ora dopo il mezzodì, i Piemontesi ritornarono all'
assalto. I nostri resistettero valorosamente e difesero
il cimitero e il villaggio con coraggio eroico: ma
furono oppressi dal numero ed obbligati a sgombe-
rare Santa Lucia. In questo tempo la terza divisione piemontese comandata dal generale Broglia
attaccava Croce-Bianca. Avendolo il general d'Aspre
valorosamente respinto e messo in piena rotta, i
Piemontesi, temendo ch' egli non venisse a piom-
bare sopra il fianco sinistro della loro prima divisione a Santa Lucia, cominciarono ad operare un
movimento retrogrado. Erano circa le tre ore pomeridiane. Il maresciallo, vedendo lo splendido
vantaggio riportato dal general d'Aspre, mi spedì
a recare al generale conte Wratislaw l' ordine di
assaltar Santa Lucia con tutte le sue forze. L' Arciduca Francesco Giuseppe era là tranquillo in
mezzo alle palle che volavano da tutte le parti e

rompevano intorno a lui gli alberi della strada: egli animava al combattimento quelle truppe che erano per divenir presto la sua armata, allorchè una batteria nemica, nascosta fra le piantagioni dei gelsi, tirò a mitraglia e c' inviò una grandine di palle. L' Arciduca Alberto fu coperto di terra e di rami rotti, il cavallo del general Wratislaw fu passato da una banda all' altra da una palla; altri projettili forarono il panno del mio pastrano e stiacciarono il fodero della mia sciabola. Le nostre truppe si scagliarono innanzi, e il tenente-colonnello Leitzendorf, il generale Salis ed io correndo a cavallo alla testa di un battaglione di granatieri dell' Arciduca Sigismondo e di alcune compagnie del reggimento Geppert, eccitandoli colle nostre grida, i nostri soldati si avventarono contra i battaglioni nemici colla bajonetta in resta: le palle volavano da tutte le parti. Leitzendorf cadde ferito mortalmente: io vidi il generale Salis, colpito in mezzo al petto, penzoloni sul collo del suo cavallo: corsi da lui, il sangue gli sgorgava dalle spalle; egli mi disse con voce moribonda di farlo portare ..... io non potei intender dove: le nostre genti il raccolsero nelle loro braccia. I bersaglieri difendevano valorosamente l' ingresso del villaggio, i granatieri e i soldati di Geppert cadevano sotto il fuoco nemico; ma rafforzati da un battaglione di Probaska e dai cacciatori del colonnello Kopal, penetrarono fra i battaglioni della brigata Cuneo; nulla potè arrestarli: i Piemontesi presero la fuga; i nostri rientrarono in Santa Lucia: la vittoria era nostra.

Il generale conte Clam, venendo da Tomba, giunse in quel momento innanzi ai Piemontesi sulla linea della loro ritirata: egli assalì incontanente la testa del loro secondo corpo, che era in piena rotta. La confusione fu inesprimibile: quasi tutti i battaglioni, come il confessano i Piemontesi, sbandaronsi;

ma quel terreno piantato di gelsi, nel quale non
poteasi vedere neppure a cinquanta passi, li salvò
da una totale distruzione, impedendo ai nostri di
veder quel disordine e di giovarsene. Il nemico
adunque potè riprender la notte le posizioni che
avea lasciate la mattina.

La strada e le vie che attraversano S. Lucia
erano coperte di cadaveri, le case forate dalle palle,
gli alberi troncati, il campanile della chiesa sman-
tellato, i giardini ingombri di rottami e di armi abbandonate. La battaglia era stata sanguinosa, e i
Piemontesi aveano combattuto con gran valore: si
vedevano per tutto nel combattimento i loro ufficiali farsi avanti e incoraggiare i loro soldati. Si
udiva gridare da tutte le parti in francese: *Andiamo !
avanti ! avanti ! coraggio ! la vittoria è nostra !* Quegli uomini intrepidi erano Savoiardi della brigata
d'Aosta, come io me ne resi certo per le lettere
trovate indosso ai morti : i loro ufficiali e quelli dei
nostri che erano uccisi eransi portati da valorosi :
erano essi feriti nel bel mezzo del petto e i loro
corpi colpiti da molte palle. Fu quella una gloriosa
battaglia : si combattè con un impeto, con un ar-
dimento estremo, qual si conviene ad uomini : e la
vittoria fu molto contrastata. Io restai sopra tutto
sorpreso al principio dell'impresa in vedere con
quale audacia i Piemontesi trasportavano i loro cannoni sino al mezzo della linea dei nostri cacciatori,
e con quale rapidità i loro zappatori abbattevano
i pioppi della strada, per difendere i loro cannoni
dagli attacchi della cavalleria.

Noi eravamo tutti lieti e superbi di vedere l'Arciduca Francesco Giuseppe, nostro futuro Imperatore, e i Principi della Casa imperiale dividere i
nostri pericoli; il sentimento di rispetto, che ispi-
rava l'erede futuro di tanta potenza, si cambiò in
sentimento di ammirazione, di amore e di ricono-

scenza, allorchè il vedemmo venire a combattere
con noi, a partecipare dei nostri pericoli, ad abbassare la grandezza della sua stirpe avanti il supremo
livello della morte. La guerra d' Italia, a dir vero,
era una guerra incantevole : era un duello elegante
fra genti cortesi e bene educate; la campagna era
ornata di fiori, l' aria era imbalsamata, e la sera di
un giorno di battaglia assisi sopra i cuscini di velluto del salone di un elegante palazzo, respiravamo
l' aria fresca della notte, ascoltando i canti nazio-
nali dei nostri soldati e prendendo sorbetti in coppe
di cristallo. Vivevamo nell'abbondanza e nella gioia.
Il giuoco, il vino, le donne, tutto si trovava lì da
chi volea divagarsi ; i nostri soldati eran ben nu-
triti, ben vestiti, ben pagati, e noi allegri e spensierati come veri lansichenetti (1) , non sognavamo
più che battaglie e zuffe sanguinose. Dopo la campagna di Lombardia io ho considerato la guerra
sotto un aspetto più severo : ho veduto cadere intorno a me gli uomini distrutti dalle malattie con-
tagiose o spenti dalla fame : spettacolo doloroso fu
veramente il vedere quei nostri soldati poco prima
pieni di coraggio e di vita, invece di soccombere
gloriosamente sul campo di battaglia, morir ghiac-
ciati dalla febbre, neri per la cancrena o fra le
convulsioni del cholera. Ma lo splendor della gloria
ha ricoperto tutto questo : ed io comprendo, come
allora, lo strano incanto che vi ha nella vita guer-
riera, e che in nessun' altra cosa, meglio che in
quella lotta continua contro le debolezze del corpo,
l' anima non manifesta tutta la sua potenza, non
rivela tutto il suo valore.

---

(1) Vocabolo venuto all'Italia dalla Germania, il quale
significa *fante tedesco armato di lancia*. I Lombardi ebbero a dolersene moltissimo nelle guerre del secolo XVII.
                                        Il traduttore.

Il giorno appresso il combattimento, passando
innanzi il cimitero di S. Lucia, i nostri soldati mi
offrirono anella e piccoli crocefissi, che avean tolto
agli ufficiali piemontesi caduti sul campo di battaglia. Io ne comprai alcuni per la somma di qualche
fiorino : ma ben tosto fui preso da un rimorso ri-
guardoso di aver privati i corpi di quei valorosi di
questi ultimi ricordi, che avean forse ricevuti da
una madre o da un' amante, e, ritornando su i miei
passi, li gettai nella fossa comune che ancora era
aperta. Quasi tutt' i soldati piemontesi portavano il
sacro scapolare, molti avean libri di preghiere nelle
loro tasche ; un d' essi aveva ancora sopra di sè
una lettera di sua madre scritta in francese. Ella
dicevagli « che essa pregherebbe per lui la SS.
Vergine ; ch' egli avesse cura della sua salute, che
si tenesse i piedi caldi per timore d' infreddarsi. »
Povera madre !

— I Piemontesi aveano riacquistati i loro posti, e
il maresciallo non poteva colla sua debole armata
riprendere l' offensiva prima dell' arrivo del corpo
di esercito, che dovea essergli condotto dal generale Nugent. Al fatto di S. Lucia succedero dunque alcuni giorni di aspettazione e di ozio. Nel
tempo di questa breve tregua il generale barone
d' Aspre ebbe la bontà di nominarmi capitano nel
suo reggimento, il primo reggimento di fanteria
dell' Imperatore. Quella promozione mi recò gran
gioia e mi strinse a lui coi legami di una eterna
riconoscenza. Del rimanente restai al mio posto
presso il maresciallo : io era lietissimo di vivere
appo lui. Egli aveva una singolare bontà pei suoi
ufficiali, e i suoi soldati l' adoravano ; io ho visto
di tali cui la commozione e la gioia, all' udirlo
parlare, facea sgorgare le lagrime dagli occhi. La
sua generosità era proverbiale nell' esercito ; pren-
deva diletto di avere un gran numero di ufficiali

riuniti alla sua mensa; se l'avesse, potuto, avrebbe
invitato tutto l'esercito. Avea il costume di gettar
la mattina alcune monete d'argento ai poveri, che
si radunavano sotto le sue finestre, e spesso al
primo far del giorno, siccome io dormiva sopra
un sofà nel salone precedente alla sua camera, lo
sentiva risvegliato dalle grida impazienti di que-
gl'importuni mendicanti, i quali venivano a di-
mandare alla generosità del maresciallo quel tri-
buto quotidiano. Quando io voleva cacciarli, egli
rideva del mio sdegno. Quantunque fosse obbligato appigliarsi ai partiti più energici, bene spesso
egli chiudeva per pietà gli occhi là dove sarebbe
stato costretto a punire. Eppure egli non era amato
dagl'Italiani della città: le donne precipuamente
dimostravano con affettazione, che tutte le loro
simpatie erano pei Piemontesi; allorchè questi furono rotti a Santa Lucia, esse vestironsi in gramaglia. Una di loro, madama P.... (il che mi sor-
prese trattandosi di una persona così distinta) portava appeso al suo collo un ritratto di Pio IX grande
quanto una mano, e fiocchi di fettucce tricolori dovunque poteva appenderne; ella stavasi continuo
alla finestra per ispiare tutti i nostri movimenti, e
stando come in agguato per sapere tutte le triste
notizie. Altre donne superavano ancora le dimostrazioni di madama P... La contessa Gr.... armata di un pugnale, scendeva dal suo balcone,
sputava sull'uniforme di un ufficiale del mio reggimento, che conducevasi prigioniero per le vie di
Milano, e il chiamava *cane tedesco, famiglio del
boia*. Una giovane in un gran pranzo presso il conte
B..... rifiutava un piatto che le si offriva: « No,
grazie, diceva ella con certi modi affettati, non ho
più fame; se però fosse il cuore di un Croato, lo
mangerei tutto quanto. » Anche in Austria le donne
teneano dietro alle nostre operazioni militari con

grande sollecitudine : esse bramavano ardentemente
il trionfo delle nostre armi, esse c'incoraggivano ;
ma sapevano manifestare la loro simpatia con più
semplicità e con più dignità. Qual di noi non aveva
una madre, o una sorella, o una moglie, che ingi-
nocchiata in un angolo oscuro di qualche chiesa,
pregava il Cielo con fervore al pensiero dei nostri
pericoli? Da tutte le parti dell'Impero giungevano
incessantemente a Verona ammassi di pannilini e
di filacce, e più di una povera fanciulla, obbligata
a vivere del lavoro delle sue mani, impiegava le
ore della notte per aggiungere a quei doni generosi
l'obolo della vedova.

Mercè le cure e l'infaticabile attività del conte
Pachta, intendente generale dell'armata, i viveri
non mancavano, sebbene tutta l'armata fosse da
un mese riunita a Verona e malgrado la nostra
lontananza dal centro dell'Impero. La strada del
Tirolo, unica via per la quale i trasporti potevano
arrivarci, era sovente ingombra da file di vetture
che portavano provvisioni e foraggi, e dalle greg-
gie che venivano dalla Moravia e insieme dalla
Boemia. Noi vivevamo nell'abbondanza; ma la
nostra posizione diveniva ciascun giorno più pericolosa ; e ci volea veramente gran forza d'animo o di
spensieratezza, per non essere inquieto dell'esito
della guerra. I generali Ferrari, Durando e La Mar-
mora occupavano la Venezia con ventimila uomini
di truppe romane, svizzere e veneziane; Zucchi
guardava la fortezza di Palmanova con cinque o
seimila uomini ; il vecchio general Pepe arrivava
allora a Bologna con dodicimila Napoletani : corpi
di Toscani, battaglioni di Lucchesi, di Parmigiani,
di studenti di tutte le Università dell'Italia blocca-
vano Mantova sulla riva diritta del Mincio. Tutto
il paese era in piena rivolta ; ciascuna città, ciascun
villaggio era in armi ; la squadra napolitana, unita

4

a quella di Sardegna, andava a bloccare la flotta austriaca nel porto di Trieste. Noi eravamo da una settimana senza notizie del generale Nugent. Il nostro esercito appena ascendeva a trentamila uomini, e Carlo Alberto era alle porte di Verona con sessantamila uomini.

IV.

La mattina del 15 maggio, non avendo il maresciallo ricevuto ancora alcun corriere del generale Nugent, mi fe' chiamare e m'incaricò di andare, con tutta la celerità che mi sarebbe stata possibile, a portargli l'ordine di marciar sopra Verona senz'arrestarsi all'assalto delle città di Treviso e di Vicenza, che erano occupate dal nemico. Secondo le ultime notizie, il generale Nugent doveva essere a Conegliano col suo corpo d'esercito: ma le comunicazioni erano talmente intercettate, ché, per giungervi senza pericolo d'esser preso dalle bande dei *crociati*, era d'uopo risalire sino nel Tirolo, seguire il corso del Pusterthal, passare per la Carinzia e ridiscendere in Italia per Udine. Per quel viaggio si richiedevano parecchi giorni. Il generale Mengewein, che conosceva perfettamente tutto il paese, mi fece un disegno delle diverse strade, per le quali io avrei potuto, senza risalire fino nel Tirolo, tentar di passare, traversando le montagne, dalla valle dell'Adige in quella della Brenta per Val-d'Ampezzo, o in quella della Piave per Val-Sugana, onde giunger poi a Conegliano. Avendomi poscia il maresciallo augurato la buona ventura, mossi pieno di felicità e di gioia. Andava a percorrere un paese magnifico, a rivedere il generale Nugent, molti ufficiali del suo esercito da me conosciuti, e sperava inoltre giungere a tempo da prender parte ai combattimenti che eglino avreb-

bono dovuto sostenere contra le truppe nemiche,
le·quali occupavano la Venezia. Alle tre io era a
Rovereto: il colonnello Melzer del reggimento principe Schwarzenberg, mi disse, che era impossibile
passare per Val-d'Ampezzo, che era guardato dagli
insorti. Un tentativo da lui fatto alcuni giorni avanti,
per aprirsi un passaggio, gli era costato la perdita
di molti dei suoi migliori soldati. Io dunque continuava il mio viaggio, arrivava a Trento sul far
della notte, e, lasciando la Valle dell' Adige, en-
trava nel Val-Sugana.

  La notte era magnifica: io viaggiava con estrema rapidità. Andava sino a Primolano e mi fermava
presso il generale Rossbach, il quale guardava quella
valle con alcune truppe. Malgrado l' ora inoltrata
della notte, il trovai ancora tutto in armi: i suoi
avamposti erano stati assaliti alcune ore innanzi, e
quando io il pregai di darmi una guida e dodici
cacciatori arditi, coi quali volea tentare di aprirmi
una strada o mettermi su per qualche sentieruolo
nella montagna, egli per tutta risposta schiuse la
finestra; ed io vidi tutte le pendici delle montagne
coperte di una doppia linea di fuochi dei bivacchi
nemici. Ripartii allora per Trento senza perdere un
minuto. Il paese ch' io tragittava era ammirabile;
per tutto torrenti, rocce, cascate e laghi in fondo
ai valloni. Quand' io mi rimisi in viaggio, si levava
il sole: i suoi primi raggi indoravano la rugiada
sull' erba delle praterie più elevate; gli uccelli cantavano, e i laghi coperti di vapori rifletteano le ar-
gentee tinte del cielo bianco pei primi splendori
del giorno. Fui bentosto a Trento, donde ripartii
senza fermarmi. Avea perduto più di venti ore:
adesso era nel bel centro del Tirolo. Qual contrasto
colle pianure d'Italia, che avea pur dianzi lasciato!
Là villaggi bruciati, campi aridi e incolti; qui verdi
prati e ruscelli e mulini nascosti sotto i salici, e

campanili e case biancheggiate perdentisi fra la ver-
dura dei grandi alberi. In Lombardia sguardi odiosi
e desiderj di vendetta; nel Tirolo gli abitanti lieti
di vedermi, venivano a stringermi le mani ad ascol-
tar tutti commossi il raccontó della gloriosa battaglia di S. Lucìa. Giovani donzelle offrivano all' ufficiale austriaco mazzetti di fiori delle Alpi.

I postiglioni ben pagati facevano volare la mia
vettura sulle strade. Traversai Villach, salutai da
lontano le montagne dell' Austria, e camminando
per qualche tempo lungo la sponda sinistra del Tagliamento, arrivai a Udine il 18 maggio all' una
p. m. e a Conegliano verso mezzanotte. Mi recai
immantinenti presso il generale conte Nugent: egli
era solo: la stanchezza e il travaglio aveangli ria-
perte le ferite. Egli avea già mandato gli ordini
al generale conte Thurn, e il corpo di esercito di
lui avea già valicato la Piave al cominciar della
notte. Io volli partire al momento, quantunque gli
ufficiali mi assicurassero che il ponte gettato sulla
Piave presso Conegliano era stato già tolto: si sarebbe trovata facilmente una barca, ed io avrei
amato meglio passar la Piave a nuoto, che restare
indietro. Giunsi al ponte: una delle nostre sentinelle
volle fermarmi; ma, rompendo la consegna, mi av-
venturai sulle tavole e fui all' altra riva. Il fatto è
che l' acqua sollevava le tavole e vi passava sopra,
o perchè i cavalletti avessero già ceduto sotto il peso,
o perchè le pioggie avessero gonfiato la fiumana.

Camminai tutta la notte sulla via Postumia (1),
lasciando Treviso alla sinistra, e allo spuntar del
giorno raggiunsi il retroguardo che s' era fermato.
Alcuni ufficiali di ulani dormivano curvi sul collo
dei lor cavalli: io li riconobbi, e, invidiando il lor
pacifico sonno, li risvegliai bruscamente, per pi-

(1) Antica via romana.

gliarmi spasso del loro cattivo umore e della loro
sorpresa. Passando per Castelfranco, vidi di lontano al suo balcone la bella figlia del dottore, la
cui galleria di pitture avea già visitato al mio arrivo in Italia. Mi fermai un momento per contem-
plarla; ma passai tosto umilmente sotto i suoi occhi senza osare di levar la testa: alcuni mesi innanzi ella mi avea veduto nel mio splendido uniforme, montato sopra un cavallo ardente e pieno
di fuoco, ed ora molle di acqua, pallido per la
stanchezza, marciava penosamente fra i soldati che
restavano dietro, nel fango della via. Finalmente
dopo avere tragittato Cittadella, giunsi a Fonteniva,
villaggio sulla sinistra riva della Brenta, dove il
generale conte Thurn s'era fermato. Il ponte sul
fiume era coperto di trementina e di pece, e una
banda di rivoluzionarj andava ad appiccarvi il fuoco,
allorchè gli ulani della vanguardia, avventandosi lor
sopra, li dispersero. Allora potei fermarmi: era in
mezzo a truppe valorose, che andavano a raggiungere il maresciallo a Verona. Gli ufficiali subito
mi circondarono e mi dissero quali travagli avean
durato, quali difficoltà, quali ostacoli superato: i
ponti bruciati dovunque: l'immenso argine del
Tagliamento distrutto in molti punti. Il nemico
avendo difeso con cannoni la testa dei ponti co-
strutti ai tempi delle grandi guerre colla Francia,
impediva in ogni parte il passaggio; ma l'audacia
e la destrezza del generale Nugent aveano trionfato
di quegli ostacoli. Una brigata, risalendo la Piave
lungo la sinistra sponda, era ita a valicar quel fiume
presso le sorgenti per discendere sulla riva diritta
e circondare il nemico; in quella marcia ardita i
soldati avean battuto certe vie strette in mezzo a
dirupi sull'orlo dei precipizj, vie tanto pericolose,
che la gente del paese non potea credere che la
cavalleria avesse osato arrischiarvisi.

. Il dì seguente al levarsi del sole l'esercito si
mise in marcia; il general Thurn volea tentare un
assalto contro Vicenza. Eran le due: la testa della
colonna essendo solo a un quarto di lega dalla
città, la vanguardia composta di due compagnie di
Banater (1) e di uno squadrone di ulani coman-
dato dal tenente conte Zichy, si avanzò sino alle
prime case, che erano dall'una parte e dall'altra
lungo la via. Da quelle case occupate dal nemico
partì una grandine di palle, che rovesciò le prime
file dei *Banater*: questi si fermarono, poi rincula-
rono in disordine innanzi a quel fuoco micidiale.
Il conte Zichy indignato, si precipitò dal suo cavallo, afferrò un fucile e li ricondusse al combattimento; ma nel superare una barricata ei cadde
percosso sopra l'occhio sinistro da una palla che
gli fracassò il cranio, e rotolò nel fosso della strada.
Io corsi a lui: egli dibattevasi ancora; tentai di
ritirarlo e di portarlo sull'orlo; ma sdrucciolava
nel suo sangue ed erano inutili i miei sforzi. Le
palle volavano da tutte le parti; i cacciatori nemici
andavano a circondarci: presi allora la sciabola di
Zichy e lacerai il suo uniforme, che non avea avuto
il tempo di sbottonare, per tôrre dal suo petto il
ritratto di sua moglie. Restava ancora al ferito un
po' di vita, perchè egl'incrociava fortemente le
braccia sul petto, pensando forse che un soldato
nemico gl'involasse quel ricordo: quell'infelice era
ammogliato da poche settimane. Il generale Thurn
giunse allora con truppe fresche: le prime case
furon prese di assalto, il nemico rinculò. La battaglia era in tutto il suo calore. Le palle e la mitraglia fischiavano nell'aria: il generale principe Ed-

---

(1) Soldati del 12.º reggimento di fanteria delle frontiere militari, che si arruola nel distretto del *banato* di
Temeswar, il cui capoluogo è Pancsowa.

mondo Schwarzenberg si avanzò per eccitare i soldati marciando alla loro testa: io era presso di lui;
una palla colpì il mio cavallo, che rotolò sotto di
me. I nostri soldati cadevano sotto il fuoco violento
del nemico, le tegole e le travi infocate rotolavano
dall'alto dei tetti delle case incendiate, ed io pregava invano il generale Thurn di non esporsi. Allorché egli vide nuovi battaglioni spiegarsi nei giardini e il fuoco dell'artiglieria raddoppiare, ordinò
di terminare il combattimento; la brigata della vanguardia, essendosi allora ritirata sino alle prime
case all'ingresso del sobborgo, si accampò, e parimenti tutta l'armata nelle praterie a diritta e a
sinistra delle stesse. Io non avea più cavallo; io
non apparteneva ad alcuno dei corpi riuniti innanzi
Vicenza, brutta cosa in guerra, dove ognuno non
pensa che a se stesso; ma mentre io guardava con
occhio d'invidia le belle tende, che alcuni ufficiali
aiutati dai loro soldati aveano costruito con quelle
stuoie da bachi di seta, che si trovano in tutte le
case dei villaggi d'Italia, un di essi mi si fece innanzi e mi offrì un alloggio; ed eccoci a ragionar
lietamente, attizzando il fuoco sotto la pentola; poscia distesi sull'erba del prato sotto la coperta del
proprio cavallo ci addormentammo senza molestarci,
perchè il letto, in fede mia, era largo dieci buoni
iugeri.

Sul far del giorno 21 maggio, l'esercito si ri-
mise in marcia. Il generale Thurn avea deposto il
pensiero di assaltar Vicenza, e noi girammo a set-
tentrione della città, costeggiando la china del monte
Crocetta. Io restai indietro per far sepellire Zichy
in un luogo, dove la sua famiglia un giorno avesse
potuto trovarlo: ma avvicinandomi al letto, accon-
ciatogli alla men trista dov'erasi deposto il corpo
del tenente, io mi accorsi con mia grande sorpresa
ch'egli ancora vivea, quantunque avesse il cranio

rotto. Quand' egli ascoltò il rumore dei cavalli e
delle armi, sollevò colla sua mano moribonda il
panno che copriva la sua testa e si assise sul letto :
il suo occhio si animò, poi si chiuse e il suo capo
ricadde sulla paglia : quel guardo era il suo addio
alla vita. Egli visse ancora quarantott' ore, ma privo
di sentimenti. Le fattorie e i villaggi sulla strada
da noi tenuta erano pieni di provvisioni, che i contadini sorpresi e non si aspettando il passaggio
dell' esercito non aveano avuto il tempo di nascon-
dere; le stalle eran piene di bestiame e ciascun
reggimento ebbe tosto al suo seguito alcuni bovi e
alcuni montoni : ma i soldati, com' è uso, faceano
di quei viveri uno scandaloso sciuplo. Io vidi una
banda della retroguardia strappare un grosso pezzo
di carne dalle parti deretane di un bue ancor vivo,
il quale perciò non poteva più camminare; e poscia gettar la povera bestia tutta insanguinata nel
fosso della strada : vero è bene che lor mancava il
tempo di farlo in brani. Più in là vedendo fucilare
un bue in un prato correa sdegnatissimo a rampo-
gnare i soldati; ma non potei frenar le risa quando
essi mi dissero, che quel bue avea voluto disertare
e che l' aveano pur dianzi arrestato nella fuga.
Alle quattro p. m. la testa della colonna sboccò
nella via di Verona. Durando, il quale era accorso
in tutta fretta a Vicenza colle sue truppe svizzere
e romane, venne ad assalire la nostra retroguardia,
immaginandosi di sorprenderci ; ma i granatieri di
Piret e di Kinski si schierarono nel piano, e avendo
la nostra artiglieria cominciato a tirare sulle colonne
nemiche, il Durando si ritirò e rientrò in città. Il
generale Thurn e il suo stato-maggiore passarono
la notte in una villa presso Tavernelle.

Il domani, al primo far dell' alba, montato sul
cavallo del povero Zichy, partii solo, senza prender
commiato da persona del mondo, per timore di es-

sere trattenuto: io voleva ad ogni costo giungere in Verona e recare io stesso al maresciallo la notizia dell' avvicinarsi di quell' esercito, per affrettare la marcia del quale egli aveami spedito con ordini pressanti. Le case della strada erano abbandonate. Mi era stato detto a Tavernelle che Montebello era ancora occupato dal nemico, e intanto non incontrava anima viva che avesse potuto darmi alcuna notizia. Adunque alla vista delle prime case di Montebello io mi fermai, e non vedendo le sentinelle, mi figurai che la truppa nemica, la quale aveva occupata la città, si fosse ritirata: ma temea che gli abitanti non tirassero su di me o non mi arrestassero; perciò correndo sopra un passaggero che incontrai all' ingresso del ponte, gli ordinai di camminare innanzi a me, e soggiunsi, che se gli abitanti della città tiravano su di me o si avvicinavano per arrestarmi, gli avrei fatto saltar le cervella. Nel medesimo tempo volli prendere le mie pistole: ma toccò a me allora d' impallidire; le pistole non c' erano più, mi erano state rubate a Tavernelle, come che avessi dormito colla testa appoggiata sopra la sella. Fortunatissimamente il mio Italiano non si accorse di ciò che mi accadeva, e camminò innanzi a me sino ad una piazza, dov' erano alcuni attruppamenti. Fidandomi allora alla vigoria del mio cavallo, partii come una saetta, passai di mezzo a quei gruppi, uscii della città e guadagnai la campagna.

Verso mezzogiorno io era a Verona: attraversai le vie di galoppo con aria di trionfo; gli abitanti accorrevano alle loro porte, fissando su di me certi sguardi, in cui leggevasi la malevoglienza. « Sì, eccomi, avrei voluto lor dire, e dietro me venticinquemila uomini con molta artiglieria, per mandare in polvere la vostra città. » Entrai dal maresciallo; egli ebbe la bontà di manifestarmi qualche allegrezza al rivedermi, e mi disse che sapea bene che io

sarei stato il primo ad annunziargli l' arrivo delle
truppe del generale Nugent. Con tali segni d' interesse, con tali parole d' incoraggiamento il maresciallo si guadagnava i cuori degli ufficiali della sua
armata : così noi eravamo tutti pronti a sacrificarci,
per assicurargli l' onore di far trionfare le armi imperiali alla fine come al principio della sua gloriosa
carriera.

Il maresciallo, sperando che Vicenza poteva essere presa di assalto, inviò la sera l' ordine al general Thurn di tentare un nuovo colpo di mano
sulla città. Il 23 le truppe marciarono per l' attacco;
gli obizzi e i razzi appiccarono il fuoco ad alcune
case ; ma il nemico, che era padrone del monte
Berico, fulminò in tal guisa le nostre colonne di
fronte e di fianco colla sua artiglieria posta sulle
alture, che il generale Thurn capì che bisognava
attaccare la città regolarmente e molti giorni prima
d' impadronirsene. Egli fece dunque cessare il combattimento, e mettendosi in marcia il giorno seguente, arrivò in Verona colla vanguardia il dopopranzo del 24 maggio. Il maresciallo avea determinato incaricarmi di ordini così premurosi da affrettare la marcia del corpo di armata del generale
Thurn, perchè sapeva che Peschiera assediata dai
Piemontesi era ridotta agli estremi. Egli adunque,
appena le truppe del generale Thurn giunsero in
Verona, risolvette di andare a passare il Mincio a
Mantova e di risalire lungo il fiume sulla riva destra. Per quell' ardita marcia i Piemontesi doveano
trovarsi circondati sulla lor diritta nelle posizioni che
occupavano e costretti ad abbandonare la linea del
Mincio senza combattere, ovvero erano obbligati ad
accettare una battaglia o nelle pianure di Goito o
sulle alture di Volta. Sia che abbandonassero la linea del Mincio senza combattere, sia che accettas-
sero la battaglia e la perdessero, erano essi in ambo

i casi ugualmente ridotti a levar l'assedio di Peschiera, e il maresciallo aveva ottenuto il suo scopo. Il 25 maggio le truppe riposarono, e il 26 seppi che il domani si dovea marciare. Infatti la sera del 27 tutta l'armata sortì dalla città: era stato dato l'ordine di non condurre nè bagagli, nè cavalli à mano, poichè si dicea che trattavasi solo di una esplorazione. Il segreto sulla marcia delle truppe, sul tempo della durata di questa spedizione, sull'ora medesima della partenza era stato sì ben custodito, che la sera nel ritirarmi, dopo essere stato alcune ore presso un ufficiale ferito, trovai il maresciallo partito. Saltai subito a cavallo e lo andai a raggiungere a Tombetta. Era mezza notte: le truppe marciavano in tre colonne, per Castelbelforte, isola della Scala e Nogara verso Mantova; il maresciallo seguiva la colonna di mezzo formata dal secondo corpo; a diritta marciava il primo e a sinistra li diciotto squadroni di cavalleria. Tutte queste truppe entrarono in Mantova la sera del 28. Quest'accorta marcia alla presenza del nemico calcolata dal generale Hess, capo dello stato-maggiore, era stata sì rapida e sì segreta, che i Piemontesi non seppero che soltanto la sera che tutta l'armata austriaca avea passato così vicino ad essi e innanzi i loro posti. Il movimento delle nostre truppe era stato del resto così bene ordinato, che, se il nemico fosse venuto ad assalirci nella marcia, fermandosi le colonne e i battaglioni girandosi sulla lor diritta, l'armata si sarebbe in un momento schierata in battaglia, il primo corpo in prima linea, il secondo in seconda linea, la cavalleria in riserva.

Il Mincio uscendo dal lago di Garda verso Peschiera scorre dal nord al sud e quasi in linea retta sino a Curtatone all'altura di Mantova: là egli torce ad angolo retto verso l'est e si dirizza verso la fortezza. Un canale destinato a scaricare la sover-

chia piena delle sue acque parte da Curtatone e
continuando la linea retta che il Mincio seguita dal
nord al sud; prima di essersi volto all'est, passa
per Montanara e Buscaldo e va a metter foce nella
riva sinistra del Po presso Borgoforte. In tutta la
lunghezza del canale hanno innalzato un forte argine, che preserva il paese dalle inondazioni e
forma quel canale una linea di difesa naturale, la
cui sinistra si trova a Curtatone, il centro a Montanara e la diritta a Buscaldo; era uopo superare
dapprima questa linea per potere risalire lungo la
riva diritta del Mincio ed obbligare i Piemontesi a
levar l'assedio da Peschiera.

I Toscani incaricati di difendere questa linea,
aveano alzato forti ridotti sulle strade che portano
da Mantova e conducono ai tre villaggi poco fa
nominati; le case e le mura di cinta erano state
merlate e fornite di feritoie, e aveano alzato innanzi le porte grandi mucchi di concime e forti
travi, affinchè le palle non le potessero rompere;
essi così aveano fatto di ciascuna casa una cittadella. Per assalir quei villaggi e romper quella
linea difesa dei Toscani, le cinque brigate del
primo corpo sortirono da Mantova il 28, alle nove
della mattina. Le brigate Benedek e Wohlgemuth
marciarono sopra Curtatone, Clam e Strassoldo sopra
Montanara, e Lichtenstein sopra Buscaldo. Il maresciallo col suo stato-maggiore si recò sul forte
Belfiore, ed essendo le truppe arrivate a mezzogiorno innanzi ai posti che doveano tôrre al nemico, diede l'ordine dell'assalto. Subito si sollevò
un rumore violento e prolungato, simile a quello
di uno sbuffo di vento di uragano o al rumore di
un carro che scorre sopra un ponte di legno.
S'innalzarono nell'aria nugoli di fumo; il combattimento si attaccò in tutta la linea, e gli spari dei
cannoni continuavano senza intervallo.

Alle due il generale Hess capo dello stato-
maggiore mi ordinò di recarmi a Montanara, di
mandargli un rapporto sullo stato della battaglia,
di restarvi finchè il posto fosse preso e di tornar
poscia ad annunziargliene l'esito. Presi la via di
Montanara e giunsi dove la nostra artiglieria collocata sulla strada rispondeva al fuoco dei cannoni del ridotto, costruito sulla via innanzi il villaggio: torcendo a sinistra sui campi piantati di
gelsi e di vigne, andai di galoppo al luogo dove
io sentiva che le fucilate erano più vive: giunsi
così alla diritta del villaggio.

Il generale conte Clam era là calmo e tranquillo; ordinava l'assalto delle case merlate e
sferzava col suo frustino l'erbe della via mentre
le palle volavano tutto intorno. Schestack (1) suo
aiutante di campo cadde morto al fianco di lui.
Allora il conte Clam andò egli stesso a collocare
nel cimitero una batteria di razzi alla congrève,
per incendiare il villaggio, e saltando larghi fossi,
dove erano stati trascinati molti feriti, si avanzò
in mezzo agli squadroni dei nostri bersaglieri. In
quel momento il colonnello barone Reischach venne
da noi colla sciabola alla mano e tutto coperto di
sangue; egli alla testa dei suoi soldati si era impadronito della prima casa fortificata. Eravamo innanzi al fianco diritto del ridotto, nel quale ondeg-
giava una grande bandiera: io infiammava una
trentina di uomini a seguirmi, perchè voleva entrare il primo in quel ridotto e impadronirmene;
ma mentre correva sulla prateria alla lor testa, il

_____

(1) Il tenente Schestack era di una povera famiglia
ed inviava a sua madre una parte del suo soldo. Pria
di spirare disse al conte Clam: « Addio, mio generale;
io vi raccomando mia madre. » Il conte Clam accettò
nobilmente il legato del povero Schestack.

fuoco raddoppiò; una, grandine di palle volò per l'aria: il capitano Stiller e molti uomini caddero; gli altri per mettersi al coperto, si gettarono in un largo fosso sulla sinistra. Giunse allora il colonnello Reischach con due compagnie del suo reggimento: egli brandiva la sua sciabola e marciava alla lor testa gridando: *Viva l' Imperatore!* Intanto il fuoco che partiva da tutti i lati era così violento, che i suoi soldati si arrestavano, non osando entrare in quel cortile, per andare a sfondare la porta della casa. Allora corse egli solo sino a quella, mentre da tutte parti tiravano sopra di me che l'avea seguito. Le sue truppe, incoraggiate dal suo esempio, si slanciano finalmente nel cortile e saltano nella casa per le finestre del pian terreno: si combatte nella scala e nelle camere: *Reischach è là,* gridò una voce, *la vittoria è nostra.... Sventura ai Toscani!* I soldati furiosi, riscaldati dall' ardore del combattimento, uccidono a colpi di bajonetta, di calcio e di fucile i Toscani che si difendono in mezzo a nuvole di fumo; il resto depone le armi e domanda quartiere. Noi eravam padroni di quella casa: il generale Clam fa subito tirar sul ridotto, che viene così da noi colto alle spalle. Il nemico vedendosi circondato e scoperto sotto il nostro fuoco, si salva tosto in disordine e ci abbandona il ridotto: le nostre truppe entrano nel medesimo tempo da tutti i lati nel villaggio e alcuni squadroni sboccano da tutte le parti, gridando per timore di errore: *Viva Prohaska! non tirate!*

Mentre noi prendevamo il ridotto di Montanara, il colonnello Benedek si era impadronito di Curtatone. Dopo aver più volte tentato l'assalto e aver veduto le sue genti rovesciate dalla mitraglia, egli avea passato il primo il parapetto alla testa del reggimento Baumgarten e preso il ridotto: lasciando allora che una parte della sua brigata ter-

minasse' la rotta del nemico, egli avea subito marciato sopra Montanara, dove il combattimento du-
rava ancora, e vi fa prigionieri tutti coloro i quali
tentavano di salvarsi per la strada che conduce a
Curtatone.

Il generale principe Lichtenstein dal suo lato,
non avendo trovato il nemico a Buscaldo, si era
diretto dietro Montanara sopra i battaglioni di riserva dei Toscani ; egli marciò ad assalire le case
dove essi eransi ritirati all' avvicinarsi di lui. Quei
Toscani si difesero con un coraggio eroico, perchè
essi speravano di dar così al rimanente delle lor
truppe, che fuggivano in disordine da Montanara,
il tempo di ritirarsi ; ma quelle case furono bentosto circondate, prese di assalto e i Toscani de-
posero le armi. Coloro che di queste truppe scam-
parono, si salvarono per tutte le direzioni ; quelli
di Curtatone verso Goito, e quelli di Montanara,
essendo lor tagliata dal colonnello Benedek questa
ritirata, verso Marcaria e l' Oglio.

Il combattimento era finito ; i capitani riordi-
navano le compagnie ; le grida di *viva Clam ! viva
Reischach !* si levarono da ogni parte : si abbrac-
ciavano e si stringevan le mani ; i nomi dei più
bravi già volavano di bocca in bocca ; la gioia,
l' entusiasmo del trionfo brillavano in tutti gli occhi. Intanto io vidi scorrer lacrime alla vista di
tanti compagni, che aveano marciato alla battaglia
sì prodi, così pieni di coraggio e di ardore, e che
ormai erano stesi sull' erba sfigurati dalle palle.
Riguardo a me io era rotto dalla fatica e non poteva più parlare nè tenermi in piedi, tanto avea
corso e gridato per animare i soldati alla battaglia ;
ma la gioia mi dava forza ; mi si recò il mio cavallo,
e il generale Clam dissemi di andare ad annunziare al maresciallo il successo dell' attacco, ag-
giungendo, che egli domanderebbe la croce di

Maria Teresa pel colonnello Reischach. Andai a Mantova; il maresciallo contento e soddisfatto fe' sedermi a pranzo accanto a lui e si compiacque farmi ripetere i particolari del combattimento. La sera i nomi di Clam, Benedek e Reischach erano su tutte le labbra; la gloria dei nostri colonnelli e dei nostri generali diveniva nostra propria; si raccontavan con orgoglio il loro valore, i loro pericoli, e si giurava che con tali capi si prenderebbe il cielo di assalto.

Le battaglie di Curtatone e di Montanara furono gloriosissime alle nostre armi: prendemmo al nemico cinque cannoni, cinque carri di munizioni e facemmo prigionieri duemila soldati, cinquantanove ufficiali e quattro ufficiali superiori. Quella vittoria non fu da noi meno caramente comprata: bisognava marciare allo scoperto contra un nemico diviso, prender d'assalto ciascuna casa divenuta una fortezza; dappertutto si esposero i primi gli ufficiali. Il calcolo seguente lo prova abbastanza: le compagnie erano di centoventi uomini e ciascuna compagnia aveva quattro ufficiali. La proporzione del numero dei soldati uccisi e feriti a quello degli ufficiali avrebbe dunque dovuto essere come uno a trenta; essa fu nel reggimento di Baumgarten come uno a nove, nel reggimento di Prohaska come uno ad otto, e negli altri come uno a dieci. Alla testa di quei reggimenti i colonnelli Reischach e Benedek s'impadronirono dei ridotti di Montanara e Curtatone e ruppero la linea nemica.

La sera mi recava allo spedale: esso era pieno dei nostri feriti: nove ufficiali di un battaglione di Baumgarten erano riuniti in una stanza. Uno di essi avea il ginocchio rotto da una granata e pregava che gli fosse tagliata la gamba; lì presso il capitano conte Thurn, calmo e tranquillo dava l'addio ad alcuni ufficiali che il circondavano: una palla gli avea passato lo stomaco, mentre marciava all' assalto del ridotto di Montanara e gli restavano poche ore di vita. Trovai anche là uno de' miei nuovi compagni, il povero Schönfeld, che avea lasciato la sua famiglia e cominciato a servire sol pochi giorni prima di quella battaglia. Mi assisi sul suo letto per incoraggiarlo; ma egli non aveva bisogno delle mie consolazioni; rideva della sua mala-ventura, scherzava sulla sua ferita, e intanto tre giorni dopo egli era morto. Tornato a casa colla speranza di riposarmi finalmente da quella estrema fatica, fui spedito a recare ai generali Wratislaw e Wocher l'ordine di marciare il giorno appresso. Partii in vettura; ma i cadaveri che si trovavano nella strada delle Grazie, spaventarono i cavalli che non vollero avanzare. Fui costretto di scendere e far la via a piedi, e non ritornai a Mantova che al far del giorno.

Il general Bava, capo dello stato-maggiore dell'esercito piemontese, non avea avuto notizia della nostra marcia sopra Mantova che la sera del 28, allorchè noi eravamo già entrati nella città. Argomentando allora che il maresciallo non avea potuto condurre la sua armata a Mantova se non coll'intenzione di andarvi a passare il Mincio, pensò che noi andavamo ad inoltrarci verso l'Oglio e il centro della Lombardia, o a risalire lungo la diritta sponda del Mincio, per soccorrer Peschiera. Siccome per l'esecuzione dell'uno o dell'altro disegno ci era forza ugualmente di assaltare e rompere la linea di Curtatone, il general Bava avea in tutta fretta, sin dall'alba del 29, messo in marcia per Valeggio il primo corpo e due reggimenti di cavalleria, e seguito da una batteria a cavallo e dal reggimento Nizza-Cavalleria, marciò senz'alcuna posa fino a Goito, dove giunse alle due p. m. Egli fece immantinenti prevenire i Toscani, i quali difendeano Cur-

5

tatone e Montanara, che veniva in loro soccorso, e
tornò a Volta, per affrettare la marcia della fanteria.
Ma in quel momento un ufficiale accorrendo da
Curtatone venne a portargli la nuova della totale
sconfitta dei Toscani. Il Re, che allora giungeva a
Volta, temette di veder l'armata austriaca avanzarsi
fino a Goito, prima ch'egli avesse avuto il tempo
di raduparvi forze sufficienti a potere accettare la
battaglia. Egli fece a tutte le sue truppe, secondo
che arrivavano da Valeggio, prender posto sulle alture di Volta. Intanto essendo scorsa tutta la giornata, senza che gli Austriaci fossero comparsi sulla
strada di Goito, Carlo Alberto temette che il maresciallo avesse voluto andare a passare l'Oglio, per
portar la guerra in Lombardia, tagliarlo dalla base
delle sue operazioni e marciar contra Milano. La
notte tenne consiglio co' suoi generali, e risolvette
di marciare al far del giorno sopra Goito per avvicinarsi a noi. In quella postura egli poteva accettare
la battaglia, se noi marciavamo sopra Peschiera, o
giugnere a tempo per assalirci nel corso della nostra marcia, se volevamo valicar l'Oglio. Essendosi
dunque il Re di Sardegna posto in marcia la mattina del 30 maggio col suo esercito diviso in tre
colonne uguali, avea raccolto a Goito prima del
mezzogiorno ventiquattromila uomini e quarantaquattro cannoni: ei li schierò sulle colline un po'
dietro Goito, dove appoggiò la estrema sinistra, di-
ponendo i battaglioni a scaglioni indietro, e non
formò l'ala diritta, per timore d'essere circondato
nel combattimento su quel terreno tutto scoperto
da quel lato.

Il maresciallo mise il 30 maggio, di buon mattino, il suo esercito in marcia, affin di risalire il
Mincio sulla riva diritta. Il primo corpo prese la
via di Goito, il secondo quella di Ceresara, e l'armata si avanzò sperando una seconda vittoria. Il

maresciallo non voleva attaccare il nemico in quella
giornata, perchè egli pensava che i Piemontesi, mi-
nacciati di venire circondati intieramente nel loro
fianco diritto per la marcia del secondo corpo sopra
Ceresara, forse avrebbono abbandonato la linea del
Mincio senza combattere. In conseguenza diede più
ore di vantaggio al secondo corpo, che marciava
alla nostra sinistra sopra Ceresara, affinchè potesse
girare sul primo, che marciava lungo la diritta sponda
del Mincio e si avanzava lentamente verso Goito.

Alle tre il primo corpo era solo a poca distanza
da Goito, allorchè le pattuglie annunziarono la presenza delle scolte nemiche. Il colonnello Benedek,
il quale comandava la brigata della vanguardia,
spiegò i battaglioni formati in colonne e continuò
la sua marcia; le batterie nemiche, nascoste sino
a quel punto dagli alberi e dalle tortuosità della
strada cominciarono allora un fuoco violento sulle
truppe. Benedek fece incontanente avanzare dodici
cannoni, tre obizzi e rispose in sulle prime. Da quel
momento s'impegnò un serio combattimento. Il colonnello Benedek si slanciò alla testa de' suoi soldati, mentre che la brigata Wholgemuth si schie-
rava sulla sua sinistra; egli marcia, malgrado il
fuoco violento del nemico contra il suo centro: molti
battaglioni piemontesi della prima linea di battaglia
non potendo sostenere quell'impetuoso attacco, prendon la fuga. Il colonnello Benedek penetra per
quell'intervallo, coglie di fianco i battaglioni, che
ancor teneano la puntaglia, che allora indietreggiano
disordinati: si avanza la brigata delle guardie comandata dal duca di Savoja; ma giugne Wohlgemuth alla testa dei suoi soldati, e le guardie sono
respinte. Arriva in quel punto la brigata Strassoldo
per sostenere Wohlgemuth; i piemontesi indietreggiano da tutte le parti; la lor prima linea è rotta.
La vittoria era per esser nostra; il fuoco terribile

dell' artiglieria piemontese abbatteva intere file dei nostri soldati : una batteria collocata sulla terrazza della villa Somenzari tirava a mitraglia, e un' altra avendo traversato il Mincio sul ponte di Goito, fulminava le nostre truppe di fianco. Noi avevamo solamente diciotto cannoni e sei obizzi per rispondere al fuoco di quarantaquattro cannoni, e undicimilaottocentottantaquattro uomini per toglier posti difesi da ventiquattromila. Il generale principe Felice Schwarzenberg, siccome già a Curtatone, marciava a piedi alla testa dei battaglioni sotto un fuoco il più violento, e col proprio esempio gli incoraggiava : quantunque avesse il braccio forato da una palla, si teneva eroicamente in mezzo alla linea di battaglia dei Piemontesi senza volere indietreggiare, non ostante il terribil fuoco del nemico, allorchè la brigata Aosta avanzandosi, trascinò col suo esempio e ricondusse al combattimento i battaglioni, che si erano arrestati. I Piemontesi riformarono la lor linea di battaglia; il nemico avea ucciso sedici cavalli di una sola delle nostre batterie, e non osava venire ad impadronirsene. Allora il maresciallo, vedendo le sue truppe schiacciate sotto una grandine di palle, troppo deboli per riprender l'offensiva, ma come piantate al suolo, ordinò ai generali di ritirare le loro brigate fuori del tiro dei cannoni nemici. I Piemontesi, malgrado la loro superiorità, ci videro eseguir quella manovra senza venire ad assalirci: essi contentaronsi di schierare in prima linea due reggimenti di cavalleria : ed essendo giunta la notte, il fuoco essendo a poco a poco cessato, le brigate bivaccarono nel luogo stesso in cui trovavansi.

Allorchè la prima linea dei Piemontesi avea piegato sotto l'impetuoso assalto del colonnello Benedek, il maresciallo temendo di esporre quella brigata ad una perdita inutile, se dava l'ordine di cessare il combattimento in quell'istante, non

volle arrestarlo; e avendo il generale Wohlgemuth sgominato i battaglioni nemici, la vittoria
pendea per guisa dal nostro lato, che il maresciallo si decise a far sostenere l'assalto. Egli
mi spedì allora verso Ceresara, dandomi l'ordine
di fare avanzare il secondo corpo e le riserve
dovunque le troverei. Partii con tutta la celerità
del mio cavallo, passai davanti le compagnie di
riserva della brigata Strassoldo sventolando il mio
fazzoletto bianco, affinchè non tirassero su di me,
e presi la via di Ceresara. Era tardi: già suona-
vano le cinque e mezza; ma le truppe del secondo
corpo non potevano esser lontane. Il cuor balza-
vami per la gioia; avrei condotto quindicimila
uomini sul campo di battaglia; la vittoria sarebbe
nostra: io vedeva i Piemontesi schiacciati sotto
il fuoco della nostra artiglieria; io udiva gli *urrah*
della cavalleria rompente i battaglioni; io divo-
rava cogli occhi lo spazio, credendo scorgere già
la testa delle colonne del generale d'Aspre; il
mio cavallo volava come un lampo. Finalmente
scoprii le prime case di Ceresara; ma là le truppe,
giunte da poco d'ora solamente, si riposavano nei
prati: tutto era calmo e tranquillo; i fucili erano
a fascio. Io bruciava ancora dell'ardore della battaglia, della rapidità della mia corsa, e vedeva
cadute le nostre speranze di vittoria. Innanzi a
tale indifferenza e a tale impassibilità avrei volen-
tieri pianto di collera e di cordoglio. Ignorava che
il corpo del generale d'Aspre arrivava in quel
punto e che avea ricevuto l'ordine di non lasciar
Ceresara. Il maresciallo sperava infatti che i Piemontesi, circondati sulla lor diritta con questa
marcia, si ritirerebbero senza combattere, e, nel
caso contrario, egli aveva ordinato di attaccare il
nemico il domani. L'ora avanzata non permetteva
più di fare alcuna modificazione a questo disegno

70

di battaglia. Nell'azione il generale d'Aspre, che
sapeva doversi cominciar l'attacco il domani, sorpreso al sentire quell'impetuoso cannoneggiamento,
avea spedito un ufficiale al maresciallo, per chie-
dere nuovi ordini. Io avea scontrato quell'ufficiale;
ma invece di correre dirigendosi verso il fuoco
del cannone, traversando, se bisognava, la linea
dei bersaglieri nemici, come il tenente Essbek a
Santa Lucia, camminava tranquillamente colla carta
in mano, scortato da un drappello di cavalleria.

La sera della battaglia cominciò a cadere una
pioggia spaventevole, e il domani le truppe si riposarono, preparandosi all'assalto delle posizioni
di Goito pel dì seguente. Il primo e il secondo
corpo doveano marciare insieme: trentaduemila
uomini ed una formidabile artiglieria andavano ad
attaccare un esercito, la cui prima linea avevamo
rotto il giorno innanzi e che avevamo quasi vinto
con undicimila uomini. Senza far conto del coraggio delle nostre truppe, nè del talento dei nostri
generali, i nemici sarebbono stati oppressi dal solo
numero, e la vittoria non poteva sfuggirci: ma la
pioggia continuò a cadere nei due giorni seguenti
con tal violenza che la campagna tutta, coperta di
risaie e tagliata da canali, fu bentosto inondata.
Divenne impossibile condurre l'artiglieria: fummo
costretti a differire l'attacco: e avendo un parla-
mentario nemico recato la mattina del 2 giugno
agli avamposti il rapporto del generale Rath, comandante di Peschiera, il quale annunziava al maresciallo che essendo terminati i suoi viveri, era
stato obbligato a capitolare, ogni tentativo per soccorrere quella piazza e costringere i Piemontesi a
levar l'assedio si rese inutile.

Avendo il maresciallo il dì seguente (3 giugno) ricevuto la nuova della rivoluzione scoppiata a Vienna, vide che tutti i mezzi gli sarebbono venuti meno, e perciò non volle tentare la sorte di una battaglia. Nel bel mezzo della sua vittoria poteva essere richiamato per sostenere il trono, e divenendo la sua armata una falange sacra destinata forse a salvar l'Impero, egli non giudicò esporla alla fortuna di una battaglia. Peschiera, cui egli volea soccorrere, era caduta: risolvette quindi aspettare giorni migliori per riprendere l'offensiva. Avendo dunque deposto il pensiero di trasferire in Lombardia il teatro della guerra, volle colla presa di Vicenza assicurarsi la sommessione e i moltiplici mezzi della Venezia. Il generale Hess capo del nostro stato maggiore distese il disegno di quell'ardita impresa, e l'eseguì con una rapidità ed una destrezza degna di eccitare l'ammirazione di ogni uomo di guerra. La storia di nessuna campagna non offre esempio di una impresa di tale importanza eseguita con maggiore audacia e tenuta in sì impenetrabil segreto. L'esercito lasciò Mantova il 5 giugno e si diresse alla volta di Vicenza: il maresciallo staccò due brigate del corpo di riserva e le spedì a Verona, facendole passare innanzi la fronte dei posti occupati dai Piemontesi, i quali, ingannati da quella marcia, credettero che tutta l'armata fosse rientrata in Verona. In quel medesimo tempo le nostre schiere valicavano l'Adige a Legnago, e la sera del 9 giunsero a grandi giornate nelle pianure avanti Vicenza. Le due brigate distaccate dell'esercito erano appena entrate in Verona per una porta, che il generale Culoz ne usciva dall'altra, con due batterie e cinquemilaquattrocento uomini, che formavano la guarnigione, pas-

sava per S. Bonifacio, marciava nelle montagne in
mezzo a dirupi, giugneva parimenti la sera del 9
innanzi il monte Berico, il quale domina Vicenza,
e la mattina del 10, appena si diede il segno dello
attacco, s' impadroniva dei posti nemici. Signore
allora delle alture, che dominano Vicenza, il generale fulminava e incendiava la città, mentre il rimanente esercito marciava all' assalto. La guarnigione,
vedendo divenuto inutile ogni tentativo di resistenza,
la notte capitolava; e alcune ore dopo, le nostre
truppe che si erano battute per ben quindici ore,
ritornavano a Verona a marce forzate e vi giugnea-
no il 12. I Piemontesi furono informati della nostra
marcia sopra Vicenza il dopopranzo del 10: il 13
essi recaronsi ad attaccar Verona con tutto il loro
esercito. Gli Austriaci vi erano rientrati sin dalla
vigilia. Essi spiegavano innanzi gli occhi dei Piemontesi stupefatti una formidabile linea di battaglia
e li costringeano a riguadagnare i lor posti. Tale è
la splendida impresa, che preparò forse la riuscita
diffinitiva della campagna, la cui importanza sarà
viemmeglio conosciuta da un racconto più parti-
colarizzato.

La pioggia, che era cominciata dopo il combattimento di Goito, continuò per tre interi giorni. Le
campagne erano siffattamente inondate, che i soldati
degli squadroni degl' avamposti salivano sui gelsi,
per non restare immersi nell' acqua sino alle ginocchia. Il maresciallo in quei tre giorni non lasciò
Rivolta; poscia al 3 di giugno dopo il mezzogiorno,
essendo cessata la pioggia, ordinò che l' esercito
abbandonasse i posti che occupava, e rientrammo
in Mantova. Io fui alloggiato in un immenso palagio deserto; l' oscurità delle sale, i profondi alcovi
chiusi da pesanti cortine, i gabinetti che si aprivano
sopra scale segrete faceano involontariamente pensare alle uccisioni, ai tradimenti, ai delitti spaven-

tavoli, di cui è piena la storia delle città di quei
piccoli Stati d'Italia (1). Io andava a visitare nel
palagio dei duchi Gonzaga i begli affreschi di Giulio
Romano. L'allievo di Raffaello dipinse nella soffitta
di una delle sale l'*Assemblea degli Dei dell'Olimpo*
e due figure allegoriche rappresentanti il Giorno e
la Notte sovra carri tirati da quadrighe di cavalli
bianchi e neri. Puossi il riguardante collocare ai
quattro angoli della sala, e per un singolare effetto
dello *scorcio*, i cavalli sembrano galoppar sempre
verso di lui. Parimenti allorchè si entra nella sala,
una figura di donna dipinta in uno dei muri laterali vi presenta un anello col braccio steso; e se
uno cammina da un punto all'altro della sala, la
figura sembra raccorciare, poi allungare il braccio
per accompagnarvi col gesto presentandovi sempre
quell'anello. Nella città si vede ancora sospesa
sull'alto di una torre una gabbia di grosse spran-
ghe di ferro, nella quale un duca di Mantova fece
rinchiudere un suo fratello condannato a morir di
fame, per essersi rivoltato contra di lui. Quell'infelice spaventava la città colle sue grida di dolore:
allora un amico affezionatissimo salì, come si dice,
sul tetto di una casa vicina e l'uccise con un colpo
di archibugio, onde por fine all'agonia di quello

(1) La storia delle città dei piccoli Stati d'Italia nel
medio evo e nel tempo della potente feudalità, è somi-
gliantissima alla storia dei piccoli Stati e delle signorie
feudali di Spagna, Francia, Inghilterra e Germania. Chi
conosce la storia, certo approverà questa osservazione,
nè avrà mestieri di altre prove. Per chi non la conosce,
si dovrebbe scrivere molto più che non si convenga ad
una breve nota. I castelli di Alemagna hanno i lor fasti
ancora, nè meno fecondi di quelli d'Italia. Gli storici, i
poeti e i romanzieri tedeschi l'han dimostrato pur troppo.

Il tradutt.

sventurato. Io vidi in una chiesa la tomba di Andrea Hofer; ma le sue ossa non vi son più. I cacciatori tirolesi del reggimento dell' Imperatore, che aveano combattuto con lui, le involarono la notte precedente alla loro partenza da Mantova e le trasportarono nel loro paese.

La mattina del 5 l' esercito si mise in marcia ed accampossi intorno a Sanguinetto. Mentre io andava alla coda della colonna per sorvegliare la marcia, passò un cannone per quella via stretta tirato da sei cavalli che galoppavano. L' asse di una ruota uncinò il mio cavallo e lo sbalzò in un profondo fosso. Mi rialzai tutto ammaccato, perchè il cavallo avea rotolato sopra di me; appena però fui in piedi, ricaddi in terra quasi privo di sensi. Intanto i soldati avendomi bagnato il capo coll' acqua e fattomi bere un po' d' acquavite, mi rimisero tosto in piedi.

Il giorno 6 il maresciallo per ingannare i Piemontesi e far creder loro che tutto il suo esercito rientrava in Verona, distaccò il corpo di riserva e il diresse alla volta di quella città, facendolo passare per Bovolone e Villafontana sulla riva diritta dell' Adige; poscia egli andò col primo e col secondo corpo a valicar quel fiume sul ponte della fortezza di Legnago, e marciò sino a Montagnana, piccola e piacevole città, dove fu costretto di accordare alle truppe un giorno di riposo. Nel corso di quella giornata il generale Culos lasciando al corpo di riserva la guardia di Verona, uscì della città con due batterie e cinquemila quattrocento uomini; poi dirigendosi verso Vicenza, marciò sino a S. Bonifacio, dove giunse la sera dell' 8. Noi ignoravamo ancora il vero scopo della nostra marcia; poichè per ingannare le spie del nemico, il capo dello stato maggiore avea fatto correr voce nell' esercito e nella città di Verona, che noi andavamo ad assaltar Padova.

La marcia dell' 8.ul. maresciallo lasciò Montanara e condusse l' esercito sino a Ponte di Barba-
rano. La mattina del giorno appresso in sul punto
in cui era per mettersi in marcia, egli mi diede
alcuni dispacci per portarli a Verona. Partii all'istante, passai per Lonigo e verso notte giunsi in Verona.
Il generale Weigelsperg, comandante della città,
era turbatissimo; la sua responsabilità era grande;
ed egli temeva un attacco dei Piemontesi, che colla
sua debole guarnigione non avrebbe potuto respin-
gere. Il medesimo giorno (9 giugno) verso sera il
maresciallo coll' esercito giunse nei dintorni di Vicenza; ed il generale Culoz col suo corpo ad Ar-
cugnana, nel mezzo delle montagne, in vista del
monte Berico. Il 10 alle sei antemeridiane si udi-
rono i primi colpi di cannone; Culoz avanzavasi
verso le alture del monte Berico. Alle dieci egli
erasi impadronito di tutte le barricate che difendeano la strada, la villa S. Margherita e il Castel-
Rombaldo, dopo un sanguinoso combattimento contra 2 reggimenti svizzeri e 5,000 *crociati*. Il maresciallo inviavagli allora l' ordine di attendere che il
primo e il secondo corpo avessero cominciato il loro
attacco contra la città. Culoz fece riposare alcuni
momenti i suoi soldati, e quando udì il cannone
tuonare da ogni parte a mezzogiorno e a levante
della città, marciò all' assalto dei ridotti del monte
Berico. Il colonnello Reischach si slancia il primo
sulle barricate alla testa dei suoi soldati; due ufficiali di cavalleria lo seguono a piedi, ma nel medesimo istante tutti e tre cadono rovesciati dalle
palle. Il generale Culoz fa abbattere quelle barricate e marcia tosto all' assalto del ridotto costruito
sulla sommità del monte Berico. I cacciatori del
decimo battaglione si spingono avanti, si arrampi-
cano su per quell'erta ripida aggrappandosi all'erbe
ed ai cespugli; il colonnello Kopal e molti ufficiali

cadono mortalmente feriti, ma nulla, arresta i cacciatori, e il capitano Jablonski sotto gli occhi del mareciallo entra in quel ridotto, che il nemico credeva inespugnabile. Gli Svizzeri abbandonati dai *crociati* si ritirano nel convento e nella chiesa della Madonna del Monte e fanno una eroica resistenza; i cacciatori seguiti dagli *Oguliner* (1) e dai battaglioni di Latour, rompon le porte conquassate dalle palle; si combatte nella chiesa, le granate e le mitraglie distruggono i capi-d'opera di Paolo Veronese, il sangue lorda il pavimento. Il nemico non può sostenere quell'impetuoso attacco e si ritira nella città. Allora Culoz padrone delle alture e delle terrazze, che dominano Vicenza, vi pianta le sue batterie e fulmina le case.

Il mareciallo montò a cavallo alle dieci e si recò col suo stato maggiore sulla spianata di una villa presso Vicenza, aspettando l'ora di mezzogiorno stabilita per l'ingresso delle nostre truppe nella città. Il sig. de La Tour comandante dei due reggimenti svizzeri, i quali avean difeso Vicenza, venne a pregarlo da parte del general Durando, di voler ordinare che le nostre truppe entrassero nella piazza alle tre. Il mareciallo gli accordò cortesemente quanto chiedeva, e gli lodò il valore dei soldati svizzeri. Io udii il signor de La Tour dirgli queste parole: « Quanto a noi, abbiam fatto il nostro dovere: dei nostri son restati sul campo di battaglia quattordici ufficiali e seicento uomini. » Due di quegli ufficiali uccisi, i signori di Caumont e di Reynold, erano stati miei compagni di collegio. Allorchè dall'alto della spianata noi vedemmo le truppe italiane uscir della città coll'armi al braccio

---

(1) Soldati del terzo reggimento di fanteria delle frontiere militari, che si arruola nel distretto della Croazia, il cui capo-luogo è Ogulin.

ciò, a tamburo battente e bandiere spiegate; molti
ufficiali, tra i quali ora mi vergogno di noverarmi
anch'io, cominciarono a mormorare, chiedendosi ad
alta voce gli uni gli altri, se tanti nostri valorosi
commilitoni erano poc' anzi periti, affinchè si accor-
dasse al nemico una siffatta capitolazione. Il generale Hess, che era stato incaricato dal maresciallo
di sottoscrivere la capitolazione, usò l' indulgenza
di non volere udire quei discorsi. Ignoravamo allora
noi le ragioni che l' aveano determinato ad accordare al nemico una capitolazione molto onorevole,
purchè egli desistesse dal difendere la città per più
tempo. Ma quando l' esercito, partito la sera medesima, affin di potere rientrare in Verona a grandi
marce, si trovò già il 13 giugno riunito tutto quanto
nella città e pronto a dar battaglia; allorchè i Piemontesi, credendoci ancora avanti Vicenza, vennero ad attaccar Verona promettendosi una facile
vittoria; allora i sentimenti di rispetto e d' ammirazione, che noi portavamo al maresciallo e al generale
Hess, si accrebbero pel rammarico da noi sperimentato, per essere stati sì leggeri nei nostri giudizj.

Alle due mi recai sulla strada all' uscita della
città, per vedere sfilare la guarnigione. Durando
marciava alla testa del suo stato maggiore, seguito da
molti battaglioni di truppe romane. I soldati aveano
quasi tutti magnifici lineamenti, gli occhi neri, il
naso aquilino, il mustacchio e i capelli neri come
lustrino; essi erano belli, ma allorchè vennero a
passare innanzi ai nostri Croati di gran taglia;
svelta e sottile, con quell' aria di volto duro e selvaggio, tutti quei soldati romani ci parvero molli
ed effeminati. Molte eleganti vetture, dov' erano
assise donne, che sembravano di molto nobile con-
dizione, uscivano ancora dalla città. Alcune di quelle dame, passandoci innanzi, voltavano la testa con
affettazione; altre faceansi aria maneggiando il loro

ventaglio, con gesti convulsi e nervosi, come un' arma, colla quale si vorrebbe ferire; la più parte aveano un' aria trista e penosa. Osservai in un calesse una giovane, la quale piangeva e singhiozzava stringendo al suo petto un tenero bambino; essa gli tenea steso sopra a guisa di tenda il suo fazzoletto bianco, per difenderne il viso dai brucianti raggi del sole. — Allorchè passarono i battaglioni, sollevossi fra noi un mormorio d' ammirazione; essi marciavano con aria marziale: *Voi siete valorosi!* noi dicevam loro; e quando vedemmo i loro ufficiali, alcuni dei quali, benchè feriti, non aveano voluto disgiugnersi dalle lor truppe e marciavano penosamente, gli uni col braccio sostenuto da una sciarpa, gli altri colla testa avvolta in fasce, allora mossi da quel sentimento di cortesia cavalleresca, che nobilita la guerra, ci avvicinammo ad essi e stringendo loro cordialmente la mano, li pregammo di tenerci in conto di loro amici. — Entrai nella città con alcuni ufficiali; ell' era deserta; per tutto le persiane e le porte eran chiuse; i dragoni del Papa erano ancora schierati nella piazza. Mentre passava innanzi le lor file facendo caracollare e andar gonfio il mio cavallo con aria di trionfo, esso sdrucciolò sul lastrico, come per punirmi d' insultar così il vinto, e poco mancò ch' io non mi rompessi il collo. Andai ad alloggiare in un palazzo di bella apparenza; il padron di casa era ancor sì spaventato, che parlava tartagliando; la moglie e le figlie erano pallidissime. Una bomba avea rotto il tetto del palazzo, distrutta la scala, spezzati i mobili e le porte e fatto saltar la soffitta di una sala.

Passai parte della notte a portar gli ordini del maresciallo per la marcia verso Verona, e il domani, 12 giugno, montai a cavallo per tempissimo e dopo alcune ore giunsi a Verona. Era bel tempo: io avea i tendini e i muscoli delle gambe sì gonfi e addolorati che non potea quasi più piegar le ginocchia e muovere i piedi. Mi distesi nella mia camera sopra una stuoia e mi feci applicare il ghiaccio in tutta la persona; ma l'eccessiva fatica, il difetto di sonno e il cattivo cibo mi aveano infiammato il sangue: fui colto da una violenta febbre e ridotto ben tosto a un tal grado di debolezza, che io non poteva quasi più muovermi senza l'ajuto del mio domestico. Ciascun giorno quel fedele servitore mi conducea al balcone, dove io poteva per alcune ore veder correre i miei cavalli nel giardino; il caldo era eccessivo e non respirava che un'aria infocata. Io era divenuto indifferente a tutto: vidi senza rammarico verso la fine di luglio partir l'armata, per attaccare i Piemontesi: io pensava appena che quei miei commilitoni andavano a trovar l'occasione di distinguersi, di meritare forse quella croce di Maria Teresa, stella brillante che sino a quel punto mi aveva abbagliato. Intanto sperimentai tutta la gioia del trionfo allorchè mi si annunziò la vittoria di Custoza. Finalmente quando mi sentii la forza di tenermi a cavallo, mossi per Milano a piccole giornate: la gioia della buona accoglienza fattami dal maresciallo, le prove di amicizia che mi diedero molti ufficiali, le cure prodigatemi dalla famiglia presso la quale era alloggiato, mi ristabilirono ben presto. Io andai a vedere il palazzo Greppi. Le mura della camera dove s'era trattenuto il Re Carlo Alberto, mentre che il popolo di Milano assediava il palazzo, mostravano di fatto moltissime tracce di palle. Io non avea voluto credere infamia cotanta. Quei vigliacchi non aveano saputo battersi e l'accusavano di averli traditi! essi insultavano quel nobile esercito piemontese, che avea gagliardamente combattuto! Alcuni giorni dopo il mio arrivo in Milano il generale Hess mi aveva ammesso nello stato maggiore; e verso la fine d'agosto il maresciallo mi

spedì in Vienna, affin di recarvi le bandiere tolte
al nemico nel tempo della campagna. Miei commilitoni, voi forse mi avete invidiato l'onore di
depositar quelle bandiere a piè dell'Imperatore.
Siate felici di non aver veduto quei gloriosi trofei,
che erano costati tanto sangue, entrare in Vienna
come un oggetto di contrabbando, poi sparire senza
pompa in una sala dell'arsenale! Siate felici di non
avere veduto quel popolo atterrito lasciar fischiare
ad alcuni giovani, che diceansi austriaci, la marcia
trionfale che portava il nome glorioso del nostro
maresciallo, quella marcia, la cui armonia era stata
sempre per noi un segnale di vittoria!

La campagna era terminata. Quando io ritornai
in Milano, l'aspetto della città era tristo; per tutto
nelle strade, madri e consorti in gramaglia, i cui
figli o mariti erano restati sul campo di battaglia.
Esse giugnevano dalle province austriache, e bra-
mose di conoscere tutte le crudeli particolarità, voleano vedere i luoghi dov'eran caduti coloro che
aveano amati. La contessa Gattinara inviava un prete
suo limosiniere al maresciallo, per domandare il
corpo di suo marito ucciso presso Governolo. Io
fui commosso pensando al gran cordoglio ch'ella
avrebbe sperimentato, allorchè avrebbe letto il doloroso racconto che fui incaricato di spedirle. Suo
marito l'avea lasciata splendente di gioventù, e ora
se le rimandava il corpo di lui in una cassa piena
di carbon pesto.

Dal nostro lato anche quanti amici, quanti compagni d'armi eran periti in quella guerra! Due dei
più intrepidi, Kopal e Pyrker, erano morti; ma la
meritata ricompensa del loro eroismo li seguì nella
tomba: il capitolo dell'Ordine di Maria Teresa
decretò alla loro memoria quella croce brillante, la
quale porta per divisa questa sola parola: *Fortitu-
dini* (al coraggio). Dopo la guerra l'esercito, che

avea combattuto in Italia, regalò al decimo battaglione dei cacciatori un corno da caccia in argento
dorato con un medaglione rappresentante il colonnello Kopal alla testa dei suoi soldati; intorno vi
erano incise queste parole: *Avanti! Kopal vi chiama.*
I poeti Zedlitz e Grillparzer, i quali, quando in
Vienna tutto tremava innanzi agli eroi dell' anarchia, aveano osato cantare le nostre gloriose battaglie, ebbero la loro parte nella nostra riconoscenza:
l' armata mandò loro due coppe di argento cesel-
lato. Quanti altri nomi sono scolpiti con tratti inde-
lebili sì nei nostri cuori, come nella memoria dei
nostri soldati: Szécsen, Thurn, Zichy, Sunstenau (1),
e tu Salis valoroso (2), degno figlio di quella famiglia di eroi che sparge il suo sangue su tutti i
campi di battaglia (3); tu, che fedele alla tua divisa: *dov' è il periglio, n' è ancor maggiore la gloria,* sei perito nella gloria del trionfo! — Qual cordoglio, ma altresì quali nobili esempj han lasciato
all' armata austriaca quei pochi mesi di guerra
in Italia!

Al principio di novembre il feld-maresciallo-
luogotenente principe Windischgrätz in sul punto di
entrare in Ungheria, scrisse al maresciallo per chie-
dergli alcuni ufficiali di stato maggiore. Io fui spedito a Vienna. Appena giuntovi, mi recai all' arse-

_____

(1) Avendo una palla di cannone portato via il braccio destro del tenente colonnello Sunstenau, egli prese
il suo cappello colla mano sinistra e l' alzò sulla sua
testa gridando: *Avanti! seguitemi!* fu ucciso alcuni momenti dopo.

(2) Rodolfo conte di Salis-Zizers, capitano nel reggimento di Kinski, ucciso a Novara.

(3) Il generale conte Salis-Zizers fu ucciso a Santa
Lucia il 16 maggio 1848; il maggiore Daniele Salis-
Soglio fu ucciso a Napoli il 15 maggio 1848.

nale: non mi arrestai davanti l' armatura di Rodolfo
d' Habsbourg, nè innanzi il sajo forato di palla che
Gustavo Adolfo portava nella battaglia di Lutzen;
ma alla vista di quelle bandiere conquistate dalla
nostra armata in Italia, il cuor mi balzò fortemente, e pensai a tutto il sangue che ci eran costato.
Coll' impressione ancor viva di quel tristo e glorioso spettacolo, io ripartii per altri campi di battaglia, per altri combattimenti, che mi studierò
di narrare.

GIORGIO DE PIMODAN.

CPSIA information can be obtained
at www.ICGtesting.com
Printed in the USA
BVHW030926270721
613004BV00001B/4